AF315349

COLLECTION NOUVELLE DE LA FRANCE DRAMATIQUE

# LES FRUITS DE L'AMOUR

PIÈCE EN TROIS ACTES
PAR
## LUCIEN DESCAVES
de l'Académie Goncourt

1929

**Prix : 4 francs**

## LIBRAIRIE STOCK

DELAMAIN ET BOUTELLEAU, ÉDITEURS -- PARIS

# LIBRAIRIE STOCK

## Delamain et Boutelleau, Éditeurs. PARIS

155, rue Saint-Honoré (place du Théâtre-Français) et 7, rue du Vieux-Colombier

POUR JOUER LA COMÉDIE en société, dans les SALONS, CERCLES, PATRONAGES, FAMILLES, s'adresser à LA LIBRAIRIE STOCK, 155, rue Saint-Honoré, place du Théâtre-Français, et 7, rue du Vieux-Colombier, Paris. Elle fournira tous RENSEIGNEMENTS et CONSEILS et enverra un CATALOGUE donnant les ANALYSES des meilleures comédies, anciennes et modernes qui peuvent convenir au THÉATRE D'AMATEURS.

LA LIBRAIRIE STOCK est spécialisée depuis deux siècles dans l'édition théâtrale. Elle fournit toutes les pièces de théâtre publiées, mêmes les plus anciennes et les plus rares.

Dans la COLLECTION NOUVELLE DE LA FRANCE DRAMATIQUE, on trouvera, sous une forme élégante et à un prix réduit, les œuvres des meilleurs auteurs modernes.

IMPRIMERIE KAPP

# LES FRUITS DE L'AMOUR

### PIÈCE EN TROIS ACTES

#### Par LUCIEN DESCAVES
##### DE L'ACADÉMIE GONCOURT

REPRÉSENTÉE POUR LA PREMIÈRE FOIS A PARIS, LE 25 FÉVRIER 1928, AU THÉATRE DES ARTS

*A la mémoire de Marie BÉQUET DE VIENNE,*
*fondatrice de l'Œuvre de l'Allaitement maternel*
*et du premier Refuge-ouvroir pour la maternité secrète.*

| PERSONNAGES | ACTEURS | PERSONNAGES | ACTEURS |
|---|---|---|---|
| STÉPHANE RIBAUDIER, 50 ans. . . . . . . . . . | MM. Arquillière. | Mᵐᵉ RIBAUDIER, 45 ans . . . | Mᵐᵉˢ Fern. Despernay. |
| ÉMILE DUPRÉ, 30 ans. . . . | J.-B. Evrard. | PINSON, 28 ans . . . . . . . | Hélène Pépée. |
|  |  | Mˡˡᵉ GIRARD, 35 ans. . . . . | Blanche Dars. |
|  |  | LA SURVEILLANTE, 30 ans. | Madeleine Farna. |
| ANTOINETTE, 17 ans au 1ᵉʳ acte, 18 au dernier . . . | Mᵐᵉˢ Madeleine Carlier. | CELINE, 50 ans . . . . . . . | Jeanne Guéret. |
| Mᵐᵉ DE BIENNE, 60 ans. . . . | Jeanne Grumbach. | Mᵐᵉ CREVISSIER . . . . . . | Jane Brice. |
| JEANNE, 22 ans . . . . . . . | Renée Ludger. | FEMME DE CHAMBRE . . . | Jane Dumont. |

## ACTE PREMIER

Le bureau du refuge-ouvroir Clémence Royer. Grande table couverte de papiers, en face d'une table plus petite qui est celle de la directrice. Cartons verts, casiers garnis de registres, coffre-fort, machine à écrire, horloge, téléphone. Au fond, large baie vitrée avec deux portes, l'une donnant sur le vestibule, dans le pan coupé, et l'autre sur une salle d'attente qui sépare le bureau de l'entrée du refuge, qu'on aperçoit à travers les vitres.

*Dans la salle d'attente passent et repassent, occupées aux gros travaux de l'ouvroir, des femmes vêtues de l'uniforme de la maison, une longue blouse à damiers roses relevée d'un petit col blanc. L'appartement de la surveillante est à gauche, premier plan.*

### SCENE PREMIERE

### MADEMOISELLE GIRARD, CELINE.

MADEMOISELLE GIRARD, *arrivant et retirant son chapeau.*

Ah! vous êtes là, Céline? Que tout soit bien propre, n'est-ce pas? Comme si Madame devait venir ce matin.

CÉLINE

Madame ne viendra pas?

MADEMOISELLE GIRARD

Je n'en sais rien. Je suis un peu en retard parce que j'ai tenu à passer moi-même avenue du Bois-de-Boulogne prendre de ses nouvelles.

CÉLINE

Madame ne va pas mieux?

MADEMOISELLE GIRARD

Elle dormait encore. La nuit n'a pas été bonne.

CÉLINE

Toujours ses rhumatismes?

MADEMOISELLE GIRARD

Oui. Hier soir, elle pensait bien se lever aujourd'hui, pour venir au Refuge... Le pourra-t-elle?

CÉLINE

Ça n'est pas la bonne volonté qui lui manque.

MADEMOISELLE GIRARD

Ça, non. Cette maison, on peut dire que c'est sa vie.

CÉLINE

C'est vrai. Mais, pour le dire, il faut comme Mademoiselle et moi, connaître et servir Madame depuis quinze ans.

MADEMOISELLE GIRARD

Oui, déjà quinze ans! Ça ne nous rajeunit pas, ma bonne Céline... Il est certain que madame de Bienne se plaît mieux ici, au milieu de nous et des femmes du Refuge, que dans son magnifique appartement de l'avenue du Bois.

CÉLINE

L'Œuvre lui a pourtant coûté les yeux de la tête!

MADEMOISELLE GIRARD

Et lui coûte encore dans les cent mille francs par an. Et c'est insuffisant. On ne joindra les deux bouts, cette année comme les autres, que grâce à la loterie et à la fête de charité du mois prochain.

CÉLINE

Ça marche?

MADEMOISELLE GIRARD

Pas fort. Les nouveaux riches donnent moins que les anciens. Ceux-ci, dans leurs dépenses, faisaient une part à la bienfaisance. Les nouvelles couches n'emploient l'argent qu'à leurs plaisirs.

CÉLINE

En ont-elles seulement pour leur argent?

MADEMOISELLE GIRARD

Oui? Quoi qu'il en soit, Céline, il va falloir réaliser encore des prodiges d'économie pour arriver à faire vivre nos trente pensionnaires avec moins de cinq francs par jour, — et par tête!

CÉLINE

Ah! j'aurais rendu mon tablier depuis longtemps si j'avais affaire à d'autres personnes que Madame et que vous, mademoiselle Girard.

MADEMOISELLE GIRARD

Merci pour nous. Rien de nouveau, ce matin?

CÉLINE

Non. Une femme s'est présentée à l'ouverture du Refuge. Elle a dit en ronchonnant qu'elle reviendrait.

### SCENE II

### LES MÊMES, LA SURVEILLANTE.

LA SURVEILLANTE

C'est une dame... une dame patronnesse de l'Œuvre, qui demande à voir madame de Bienne ou, à son défaut, madame la Directrice.

MADEMOISELLE GIRARD

Je vais la recevoir. Elle n'a pas dit son nom?

LA SURVEILLANTE

Si : madame Crévissier. Elle a son auto.

MADEMOISELLE GIRARD

Faites entrer. (*La Surveillante sort.*) Qu'est-ce que vous leur donnez à manger aujourd'hui à vos paroissiennes, Céline?

CÉLINE

Le poisson qu'on nous a envoyé et des pommes de terre.

MADEMOISELLE GIRARD

Les dons en nature, comme celui-là, sont mieux accueillis pour le moment qu'une somme d'argent.

CÉLINE

Pour sûr !

*Elle sort.*


## SCENE III

## MADEMOISELLE GIRARD, MADAME CREVISSIER


MADAME CRÉVISSIER, *élégante, unissant l'assurance que donne la fortune au dédain qui provient du manque d'éducation.*
Madame Husson de Bienne n'est pas là ?

MADEMOISELLE GIRARD

Non. Mais si je puis la remplacer : Mademoiselle Girard, directrice du Refuge. Voulez-vous, madame, prendre la peine de vous asseoir ?

MADAME CRÉVISSIER, *s'asseyant.*

Je passais en auto... j'en ai profité...

MADEMOISELLE GIRARD

Madame de Bienne est souffrante... Il est à craindre que nous n'ayons pas sa visite aujourd'hui.

MADAME CRÉVISSIER

Fâcheux. J'aurais désiré m'entretenir un instant avec elle de la loterie pour laquelle j'ai une centaine de billets à placer. Où voulez-vous que je les place ?

MADEMOISELLE GIRARD

Avec l'étendue de vos relations, madame de Bienne a dû penser...

MADAME CRÉVISSIER

Mes relations ont d'autres chats à fouetter. Si, encore, on s'amusait, dans ces fêtes de charité... Mais, la plupart du temps, c'est crevant...

MADEMOISELLE GIRARD

La prochaine promet des attractions...

MADAME CRÉVISSIER

Des attrape-nigauds ! On préfère donner cent francs et ne plus en entendre parler.

MADEMOISELLE GIRARD

C'est toujours ça.

MADAME CRÉVISSIER

Impossible de placer cent billets. J'en rapporte cinquante. Vous voudrez bien les remettre à madame Husson de Bienne. Je ne sais même pas si je trouverai preneurs pour le reste. On croirait, ma parole, que j'ai du temps à perdre à des sollicitations aussi dangereuses que celle-ci !

MADEMOISELLE GIRARD

Dangereuses ?

MADAME CRÉVISSIER

Sans doute. Donnant donnant, vous le savez bien. Chacune de mes amies s'intéresse à une ou plusieurs œuvres de bienfaisance. Je les tape, et elles me le rendent. Ça n'en finit pas. C'est un cercle vicieux.

MADEMOISELLE GIRARD

Oh !

MADAME CRÉVISSIER

Parfaitement. Les œuvres ne soulagent pas que l'enfance, la vieillesse et la misère. Elles viennent parfois en aide à la mauvaise conduite.

MADEMOISELLE GIRARD

Croyez-vous ?

MADAME CRÉVISSIER

Je ne dis pas ça pour votre Refuge... quoique...

MADEMOISELLE GIRARD

Le malheur immérité a aussi besoin d'être secouru.

MADAME CRÉVISSIER

Oui. (*Ironique.*) Les femmes enceintes auxquelles vous donnez asile dans les deux derniers mois de leur grossesse sont toutes des victimes, c'est entendu.

MADEMOISELLE GIRARD

Toutes, non. Mais l'enfant qu'elles portent dans leurs flancs leur crée à toutes des droits à l'assistance.

MADAME CRÉVISSIER

Bien. Je ne discute pas. D'autant plus que ma visite n'est pas tout à fait désintéressée. J'ai à mon service, depuis six mois, une femme de chambre qui venait de province — avec de bons certificats, d'ailleurs — et qui est enceinte, naturellement.

MADEMOISELLE GIRARD

Comment le serait-elle d'une autre façon ?

MADAME CRÉVISSIER

J'ai l'intention de l'envoyer ici attendre sa délivrance.

MADEMOISELLE GIRARD

Votre recommandation sera prise en considération, madame, mais, à la vérité, cette femme n'en a pas besoin pour être admise ici.

MADAME CRÉVISSIER

Oui, je sais... Vos futures mères ne sont pas interrogées... Elles disent ce qu'elles veulent.

MADEMOISELLE GIRARD

Elles peuvent même ne rien dire du tout. Après l'examen de la sage-femme, la maison leur est ouverte.

MADAME CRÉVISSIER

Enfin, on entre ici comme au moulin.

MADEMOISELLE GIRARD

Conformément au désir de la bienfaitrice qui a fondé ce Refuge avec ses propres ressources, à la suite de son veuvage et de la perte d'une fille, âgée de vingt ans. Madame de Bienne n'avait plus de famille : elle s'en est refait une.

MADAME CRÉVISSIER

Oui, je sais tout ça. C'est très beau. Et bien utile. Il m'eût été désagréable de jeter cette fille à la rue. Vous la recueillez, vous faites d'elle une mère consciente de son devoir... C'est une œuvre sociale à encourager. Mon mari prétend que ça fait deux malheureux au lieu d'une malheureuse ; mais les hommes raisonnent là-dessus en égoïstes. Ils estiment que l'enfant n'est une charge que pour la mère. A elle de se débrouiller.

MADEMOISELLE GIRARD

Ils ont tort.

MADAME CRÉVISSIER, *se levant.*

A qui le dites-vous ! Alors, c'est convenu : je vous enverrai cette fille un jour de la semaine prochaine.

MADEMOISELLE GIRARD, *la reconduisant.*

On aura pour elle tous les soins nécessaires.

MADAME CRÉVISSIER, *se ravisant.*

Ah !... Toute réflexion faite, j'ai encore trop de cinquante billets. Je n'en garde que vingt-cinq. Et dites bien à madame de Bienne, n'est-ce pas ? combien je regrette de ne pas l'avoir rencontrée.

*Elle sort.*

## SCENE IV

MADEMOISELLE GIRARD, LA SURVEILLANTE.

LA SURVEILLANTE, *entrant à gauche.*

Céline vient de me dire que madame de Bienne ne viendrait pas sans doute encore aujourd'hui ?

MADEMOISELLE GIRARD

Oui, j'en ai peur.

LA SURVEILLANTE

J'en connais une, et même deux, que ça va contrarier.

MADEMOISELLE GIRARD

Qui donc ?

LA SURVEILLANTE

La jeune Antoinette Dubois et sa mère. Est-ce que Madame n'avait pas donné rendez-vous, ce matin, à madame Dubois ?

MADEMOISELLE GIRARD

Tiens, c'est vrai. Je téléphonerai tout à l'heure. La petite s'habitue ?

LA SURVEILLANTE

Oh ! très bien. On croirait qu'elle est ici depuis un mois et elle n'y est, somme toute, que depuis huit jours.

MADEMOISELLE GIRARD

Les autres femmes sont gentilles avec elle ?

LA SURVEILLANTE

Très gentilles. Elles font les gros ouvrages à sa place. Dix-sept ans... et enceinte de sept mois ! C'est un record dans la maison... Celles qui gémissaient en se considérant se trouvent moins à plaindre maintenant qu'elles se comparent.

MADEMOISELLE GIRARD

Elles n'ont pas essayé de savoir ?...

LA SURVEILLANTE

Comment l'accident lui est arrivé ? Si. Sans succès. Jusqu'au Pinson qui en a été pour ses frais ! Et celle-là, pourtant, est futée...

MADEMOISELLE GIRARD

Elle ne pouvait pas réussir où madame de Bienne a échoué.

LA SURVEILLANTE

C'est un de ces drames de famille qui restent entre quatre murs.

MADEMOISELLE GIRARD

Les murs de la vie privée.

LA SURVEILLANTE

Antoinette Dubois, d'ailleurs... est-ce bien son véritable nom ? Moi, j'en doute.

MADEMOISELLE GIRARD

Madame de Bienne connaît les parents.

LA SURVEILLANTE

Alors, elle sait la vérité... et nous la cache.

MADEMOISELLE GIRARD

Dame ! Le mystère est la règle du Refuge. La femme entre et sort sans avoir livré son secret.

LA SURVEILLANTE

Théoriquement. En réalité, huit jours ne s'écoulent pas avant que la femme vienne d'elle-même nous prendre pour confidentes... et nous ne sommes pas les premières ! C'est une façon de déposer son fardeau. Il lui paraît moins lourd quand elle le reprend.

MADEMOISELLE GIRARD

Si cette enfant ne veut pas être soulagée... ou bien, si elle est réduite au silence ?

LA SURVEILLANTE

Voilà bien la chose extraordinaire ! Une pareille force de caractère... ou de dissimulation, ça n'est pas commun à son âge...

*On entend chanter dans le vestibule.*

MADEMOISELLE GIRARD, *regardant au fond.*

C'est Pinson qui balaie le vestibule. Appelez-la donc.

SCENE V

LES MÊMES, PINSON.

LA SURVEILLANTE

Pinson !

PINSON

Présente... pour vous servir !

MADEMOISELLE GIRARD

Entrez et fermez la porte. Voyons, Pinson, donnez-moi des nouvelles de votre petite camarade.

PINSON

Les dernières nouvelles ?

MADEMOISELLE GIRARD

Oui. Elle s'apprivoise ?

PINSON

Plutôt. Mais pour aller à confesse... rien à faire ! Elle ne dit que ce qu'elle veut dire. C'est un numéro.

MADEMOISELLE GIRARD

Elle sympathise avec les autres ?

PINSON

Oui. Mais c'est elle qui nous observe. Rien ne lui échappe... Nous avons l'air d'être rassemblées pour lui apprendre.

LA SURVEILLANTE

Quoi ?

PINSON

La vie.

MADEMOISELLE GIRARD

Elle en sait maintenant le premier mot.

PINSON

Et c'est tout. Elle n'a jamais manqué de rien.

MADEMOISELLE GIRARD

Elle vous l'a dit ?

PINSON

Non... mais ça se voit à son genre, à ses mains blanches et soignées, à son linge où il n'y a pas une reprise, à ses godasses, à tout ! Tenez, on est copines... et moi, comme une andouille, je lui ai raconté toute mon histoire... qui n'a rien de dégoûtant... à charge de revanche. Elle écoute... et boucle ça !

LA SURVEILLANTE

Vous ne bouclez jamais ça, vous ?

PINSON

J'suis espansive. Rien dans les poches, rien sur le cœur !

MADEMOISELLE GIRARD

Madame de Bienne dit qu'elle vous paierait pour venir ici, tous les ans, redonner du courage à celles qui n'en ont pas... pas assez.

PINSON

Non... des fois ! Je voudrais bien la voir à ma place, Notre-Dame du Refuge !

LA SURVEILLANTE

Vous n'êtes pas malheureuse.

PINSON

Pas tellement. Mon mari gagne sa vie et j'améliore l'ordinaire en faisant des ménages.

MADEMOISELLE GIRARD

Votre mari est gardien de la paix.

PINSON

Oui, c'est lui qui m'a envoyée ici, parce que le médecin disait qu'il m'arriverait des avaros si je travaillais jusqu'au dernier moment.

LA SURVEILLANTE

Vous avez un bon mari.

PINSON

Dans un sens, oui.

MADEMOISELLE GIRARD

Il vous donne l'exemple.

PINSON

Lui ? Ah ! parlons-en ' Je suis sûre qu'il en profite pour faire le coq avec les poules ! Quand il achètera une conduite, celui-là, je vous en ferai part !

LA SURVEILLANTE

Il est si jeune que ça ?

PINSON

Quarante-deux ans... mais incorrigible ! Toutes les bonnes du quartier y passent... en série ! Faut les voir rappliquer... Ah ! les punaises !

LA SURVEILLANTE

L'âge l'assagira.

PINSON

C'est pas dit.

MADEMOISELLE GIRARD

Ça n'altère pas votre bonne humeur, en tout cas.

PINSON

Qu'est-ce que vous voulez que j'y fasse ? Il est bien balancé, le gosse... et puis, c'est le métier qui veut ça...

MADEMOISELLE GIRARD

Ah !

PINSON

Oui. En se baladant comme ça, jour et nuit, sans rien faire, à quoi que vous voulez qu'y pense ?

MADEMOISELLE GIRARD

C'est vrai.

PINSON

Il est sans défense.

LA SURVEILLANTE

Pour un gardien de la paix...

PINSON

Oh ! pas méchant... Quand je lui adresse des reproches, il chiale, il me demande pardon, il jure que c'est la dernière fois... « Je suis indigne d'être un gardien de la paix », qu'il dit... « Je suis le dernier des malfaiteurs ! » qu'il dit... Et, le lendemain, il recommence. C'est plus fort que lui. Supposé qu'il n'y aurait pas les tentations, ça serait peut-être un homme fidèle.

LA SURVEILLANTE

Vous êtes philosophe, honnête, et vous aimez le père de vos enfants.

PINSON

Je le connais, c'est toujours ça. Toutes les femmes peuvent pas en dire autant !

LA SURVEILLANTE

Non.

PINSON

Ce que je voudrais, j'y ai dit : « On devrait te mettre à la circulation, ça t'apprendrait à te ranger des voitures. »

*Elle rit.*

MADEMOISELLE GIRARD

Vous êtes Parisienne ?

PINSON

Un peu ! Quartier Mouffetard. J'en ai pris de

la graine. Mouffetard... moutard... c'est l'un dans l'autre. V'là la petite... C'était son tour de balayer le vestibule. J'y ai dit : « Laissez-moi le faire à votre place. Vous ne savez pas... Vous remettriez de la poussière au lieu d'en ôter. » Le ménage, c'est mes oignons !

MADEMOISELLE GIRARD

Ne vous fatiguez pas.

PINSON

Ce qui me fatigue, c'est le repos.

MADEMOISELLE GIRARD

Il y en a beaucoup comme vous, à Paris... Mais, dans votre état...

PINSON, *regardant sa taille.*

Ah ! si vous croyez qu'elle se fait du mauvais sang pour ça !... Elle comprend bien, allez, quand je lui dis : « Trop petite pour lire... va tout de même à l'école ! » Elle se tord !... Ne riez pas... Quand je l'amuse, je vous dis qu'elle gigote !

LA SURVEILLANTE

Vous parlez d'elle comme de la fille que vous désirez.

PINSON

A preuve qu'on l'appellera Désirée.

MADEMOISELLE GIRARD

Est-ce que vous n'avez pas déjà un garçon ?

PINSON

De cinq ans. C'est une voisine qui s'en occupe.

MADEMOISELLE GIRARD

Il est du même lit... enfin, de votre mari ?

PINSON

Du même lit, oui, mais pas du même homme.

MADEMOISELLE GIRARD

Vous êtes remariée ?

PINSON

Non. Qu'est-ce qu'on demande pour la repopulation ? Des actes de naissance ou des actes de mariage ?

MADEMOISELLE GIRARD

Les deux, autant que possible.

PINSON

Ma parole, c'est plus de formalités pour avoir un mari que pour avoir un loupiot !

LA SURVEILLANTE

Satanée Pinson ! Ah ! vous méritez bien votre nom !

PINSON

Je ne m'en fais pas ! A quoi ça sert ? (*A Antoinette qui a ouvert la porte.*) Entrez, Mademoiselle. Je vais finir le vestibloche !

*Elle sort en chantant.*

SCENE VI

LES MÊMES, ANTOINETTE.

ANTOINETTE

Excusez-moi, mademoiselle... J'aurais une petite requête à vous présenter.

MADEMOISELLE GIRARD

Vous avez à vous plaindre de quelque chose ?

ANTOINETTE

Oh ! non. Je jouis ici d'une tranquillité complète, Dieu merci ! La discipline est douce et je m'entends très bien avec tout le monde. C'est une raison pour que j'hésite un peu à demander en ma faveur une dérogation au règlement.

MADEMOISELLE GIRARD

Voyons ça.

ANTOINETTE

Oui, vous ne savez pas... Vous ne savez pas que je préparais des examens avant de venir...

MADEMOISELLE GIRARD

Non. Quels examens ?

ANTOINETTE

Mon seond baccalauréat. J'ai passé le premier.

MADEMOISELLE GIRARD

Ah !

ANTOINETTE

Maman doit m'apporter ce matin quelques livres dont j'aurais besoin pour poursuivre mes études.

MADEMOISELLE GIRARD

Rien ne s'oppose à ce qu'ils vous soient remis. (A la Surveillante.) N'est-ce pas ?

LA SURVEILLANTE

Rien.

ANTOINETTE

Oui. Mais pour mieux employer mon temps qu'aux petits ouvrages auxquels les femmes sont occupées dans l'après-midi, je désirerais être exempte de cette tâche... et... si c'est possible, pouvoir travailler isolément deux ou trois heures par jour.

MADEMOISELLE GIRARD

Madame de Bienne, seule, a qualité pour vous accorder cette permission.

LA SURVEILLANTE

Oui.

MADEMOISELLE GIRARD

J'ajouterai que je n'y vois, pour ma part, aucun inconvénient.

ANTOINETTE

Vous ne craignez pas que ce privilège ne soit mal interprété... enfin ne m'expose à des jalousies ?

MADEMOISELLE GIRARD

Mon Dieu, non. Vos compagnes comprendront...

LA SURVEILLANTE

Notre règlement est bien plus élastique que celui de l'Assistance publique. Et Madame est si bonne...

MADEMOISELLE GIRARD

Je vais lui en parler. Comptez sur moi.

ANTOINETTE

Merci, Mademoiselle.

MADEMOISELLE GIRARD

Dès que votre mère arrivera, je vous ferai appeler.

ANTOINETTE, après une légère hésitation.

Une autre personne... homme ou femme... qui aurait appris ma présence ici et qui insisterait pour me voir... serait-elle reçue ?

MADEMOISELLE GIRARD

Aux débuts de l'œuvre, les hommes n'étaient pas reçus, même le dimanche, jour de visite. Mais cette mesure de précaution éloignait les parents... ou même quelqu'un dont la future mère peut attendre... un bon mouvement. Alors, la porte n'est plus consignée à cette catégorie de visiteurs.

ANTOINETTE

Peut-être qu'on a tort.

MADEMOISELLE GIRARD

Pourquoi ?

ANTOINETTE

Je ne sais pas... Une femme qui vient chercher ici le repos, le calme, doit désirer avant tout qu'on la laisse tranquille.

LA SURVEILLANTE

Il n'y a pas que des importuns.

ANTOINETTE

Non... mais il y en a.

MADEMOISELLE GIRARD

Si vous en connaissez, vous n'avez qu'à nous avertir.

ANTOINETTE

Oh ! je dis ça... Il ne faut pas y attacher d'importance... Je n'ai aucune raison de ne pas me sentir en sécurité ici.

*Elle sort.*

## SCENE VII

**MADEMOISELLE GIRARD, LA SURVEILLANTE,** *puis* **CELINE.**

##### LA SURVEILLANTE

Il faut avouer que son cas n'est pas ordinaire. Elle n'a guère quitté les bancs du lycée que pour venir cacher sa grossesse dans ce refuge, où la plus jeune des femmes admises est de beaucoup son aînée... pour le moment. Car le mois dernier encore, rappelez-vous que nous avions ici une gamine de quatorze ans.

##### MADEMOISELLE GIRARD

Celle-ci n'est pas absolument abandonnée, puisque sa mère...

##### LA SURVEILLANTE

Vous l'avez vue ?

##### MADEMOISELLE GIRARD

Oui, elle accompagnait cette enfant, il y a huit jours, quand elle est entrée ici. C'est madame qui les a reçues, et je n'ai pas assisté à leur entretien. Je me suis contentée d'inscrire sur le registre : Antoinette Dubois... d'après les indications de Madame.

##### CÉLINE, *du seuil de la porte.*

Voilà Madame... Vous dérangez pas... Je vais l'aider à descendre de son auto...

*Elle sort.*

##### LA SURVEILLANTE

Elle n'a pas sa pareille !

##### MADEMOISELLE GIRARD

Ça, non ! Elle n'est pas plutôt sortie de son lit qu'elle se fait conduire ici !

##### LA SURVEILLANTE

Elle tient à peine debout...

##### MADEMOISELLE GIRARD

Allez avec Céline...

*Tandis que la Surveillante obéit, madame Girard va préparer le fauteuil auprès de la grande table.*

## SCENE VIII

**LES MÊMES, MADAME DE BIENNE.**

**MADAME DE BIENNE,** *soutenue par Céline et la Surveillante, s'arrête un moment avant d'entrer dans le vestibule et parle à quelques femmes qui le traversent.*

Bonjour, mes enfants, bonjour ! Je n'ai pas ce que vous portez, mais j'envie ce qui vous porte : les jambes ! Je suis madame Sans-Jambes ! (*Elle entre.*) Bonjour, Girard.

##### MADEMOISELLE GIRARD

Bonjour, madame. Venez vite vous asseoir... Quelle imprudence de sortir... en pleine crise !

##### LA SURVEILLANTE

Ah ! oui, pour une imprudence !

##### MADAME DE BIENNE, *dans le fauteuil.*

Tout va bien ?

##### CÉLINE

Excepté Madame.

##### MADAME DE BIENNE

Je vais bien aussi... quand je suis au milieu de vous. Mes douleurs voyagent. Elles aiment ça... Alors, je leur dis : « Soit, voyageons ! » Et je leur fais prendre l'auto. Je les promène. Allez à votre cuisine, Céline... Ne retardez pas le déjeuner pour moi. (*Céline obéit. Madame de Bienne la rappelle.*) Céline !

##### CÉLINE

Madame...

##### MADAME DE BIENNE

Eh bien, nos femmes se sont-elles régalées du poisson que leur a expédié notre nouveau bienfaiteur ?

##### CÉLINE

Oh ! oui, madame. Elles finiront le reste aujourd'hui.

##### MADAME DE BIENNE

Monsieur Lancelot possède de vastes étangs dans l'Indre. Chaque fois qu'il les fera vider, vous aurez votre part de la pêche. Tout fait ventre ! comme disait ma nourrice... il y a belle lurette ! (*Céline sort.*) Et puis, c'est autant d'économie pour notre petit budget. Rien de palpitant, à part ça ?

##### MADEMOISELLE GIRARD

Non, madame.

##### MADAME DE BIENNE

Dans les dortoirs non plus ?

##### LA SURVEILLANTE

Rien à vous signaler.

##### MADAME DE BIENNE

Alors... (*Tenaillée par une douleur dans l'épaule.*) Tout va bien !

LA SURVEILLANTE

Si Madame n'a plus besoin de moi...

MADAME DE BIENNE

Disposez, Julia, disposez...

*La Surveillante sort.*


### SCENE IX

MADAME DE BIENNE, MADEMOISELLE GIRARD.


MADEMOISELLE GIRARD

Vous souffrez le martyre ?

MADAME DE BIENNE

N'exagérons rien. Je souffre simplement. Ce n'est déjà pas si facile... Les douleurs sont des folles, Girard, c'est bien vrai. Travaillons.

MADEMOISELLE GIRARD

Une dame de l'OEuvre, madame Crévissier, est venue tout à l'heure et a bien regretté...

MADAME DE BIENNE

Que voulait-elle ?

MADEMOISELLE GIRARD

Rendre à Madame, d'abord, soixante-quinze billets sur les cent qu'elle avait à placer.

MADAME DE BIENNE

Elles sont toutes les mêmes ! Le mari de celle-ci a gagné des millions dans le commerce de guerre. Il faut bien cependant qu'on élève des enfants pour lui conserver cette fortune et lui permettre de l'arrondir... la prochaine fois !

MADEMOISELLE GIRARD

Madame Crévissier venait aussi vous avertir qu'elle nous donnerait, à bref délai, sa femme de chambre enceinte.

MADAME DE BIENNE

Parbleu ! ça, au moins, c'est naturel. L'humanité n'est pas de toute beauté, Girard. On y pratique l'entr'aide dans la mesure où chacun y trouve son avantage. Parlez-moi de la petite Antoinette. Elle s'acclimate ?

MADEMOISELLE GIRARD

Le mieux du monde. Elle sort d'ici.

MADAME DE BIENNE

C'est pour elle surtout que je suis venue... et pour sa mère, avec laquelle j'ai pris rendez-vous.

MADEMOISELLE GIRARD

Votre petite protégée a l'air de se détendre un peu.

MADAME DE BIENNE

Ah ! bah ! A quoi voyez-vous ça ?...

MADEMOISELLE GIRARD

Elle a l'intention de vous demander la permission de ne pas contribuer au travail en commun, afin de se remettre à la préparation de ses examens.

MADAME DE BIENNE

Bravo ! C'est bon signe, en effet. Il y en a, dans sa situation, pour qui l'isolement est mauvais conseiller, et d'autres auxquelles il convient. Notre maison n'est pas une prison. C'est plutôt une sorte de pensionnat. J'ai toujours rêvé, vous le savez, de conduire en promenade, nos femmes, comme des élèves qui ont besoin d'air et de délassement, entre les classes. C'est ma politique de la maternité à moi. Plus de ventres honteux ! Ce qui est révoltant, ça n'est pas qu'une femme promène le sien en liberté ; c'est qu'elle soit un objet de scandale et de dérision... Je vais plus loin,... On devrait se découvrir devant la femme en gestation apparente. Mais oui ! Vous ne trouvez pas singulier, Girard, qu'on salue au passage ceux qui viennent de mourir et qu'on ne salue jamais ceux qui vont naître ?

MADEMOISELLE GIRARD

C'est peut-être plus triste de naître.

MADAME DE BIENNE

Ne dites pas ça. Vous n'en savez rien. La vie autorise toutes les espérances. Croyez-en une mère, dont les espérances ont été brisées. J'avais la foi... je l'ai encore, mais ça n'est plus la même. Je m'en suis refait une, adaptée aux exigences d'ici-bas. J'ai acquis cette conviction qu'il est moins beau de pleurer que de sécher les pleurs autour de soi. Ici, surtout, il ne faut pas donner l'exemple des larmes. J'ai compris ça le jour où j'ai perdu ma fille... Je l'ai retrouvée dans les enfants des autres... et je les aide à venir au monde pour qu'elle soit immortelle.

*Elle s'est soulevée de son fauteuil et elle y retombe, terrassée par une douleur vive.*

MADEMOISELLE GIRARD

Si quelqu'un mérite une place au calendrier... c'est bien vous.

MADAME DE BIENNE

Mais non. Je n'ai rien d'une sainte... et j'ai tout d'une pépiniériste. Mon plus grand plaisir, quand je vous demande des nouvelles de mon jardin fruitier, c'est d'apprendre que les arbres ne sont pas malades et que les fruits se présentent bien.

MADEMOISELLE GIRARD

Ils vous seront comptés.

MADAME DE BIENNE

Où ça ?

**MADEMOISELLE GIRARD**

Dans cette vie.

**MADAME DE BIENNE**

Alors, comptons tout de suite. Le déficit du mois dernier... combien ?

**MADEMOISELLE GIRARD**

Trois mille francs.

**MADAME DE BIENNE**

Tout va bien. C'est la vie chère, ma bonne Girard. L'enfant n'a pas plutôt donné signe de vie qu'il faut déjà y mettre le prix. Passez-moi le registre des comptes.


### SCENE X

Les Mêmes, CELINE, *puis* JEANNE.


MADEMOISELLE GIRARD, *à Céline qui a ouvert la porte au fond.*

Quoi, Céline ?

**CÉLINE**

C'est la dame qui est venue ce matin et qui a dit qu'elle reviendrait.

**MADEMOISELLE GIRARD**

Mais, vous voyez bien...

**MADAME DE BIENNE**

Recevez-la, Girard, et ne vous occupez pas de moi.

**MADEMOISELLE GIRARD**

Bien, madame.

*Céline sort.*

**MADAME DE BIENNE**

Si vous ne savez pas, Girard, ce que c'est que les rhumatismes articulaires, je vous ferai un cours là-dessus quand vous voudrez... avec projections sur l'écran. J'imite très bien Charlot dans sa démarche... quand je peux marcher...

MADEMOISELLE GIRARD, *à Jeanne qui reste au seuil de la porte ; elle est vêtue d'un long manteau dit cache-poussière.*

Vous désirez, madame ?

JEANNE, *brusque et presque arrogante.*

Entrer ici.

**MADEMOISELLE GIRARD**

Vous savez que les femmes n'y sont admises qu'au septième mois de leur grossesse ?

**JEANNE**

Je sais. Je remplis les conditions

**MADEMOISELLE GIRARD**

En ce cas, je vais vous inscrire. Mais, en ce moment, nous sommes au complet et je ne peux pas vous dire exactement quand nous aurons de la place.

**JEANNE**

Oui. C'est un refuge qui est ouvert et fermé.

**MADEMOISELLE GIRARD**

Pardon...

**JEANNE**

Et si je n'ai pas les moyens d'attendre ?

**MADEMOISELLE GIRARD**

Il faut alors vous adresser à l'Asile Michelet ou à l'Asile Pauline-Roland, qui sont probablement moins remplis.

**JEANNE**

Je ne veux pas avoir affaire à l'Assistance publique.

**MADEMOISELLE GIRARD**

Ces asiles sont municipaux et l'Assistance publique n'a rien à y voir.

**JEANNE**

C'est la même chose. Je ne veux pas.

**MADEMOISELLE GIRARD**

Un préjugé... On ne vous demande pas plus qu'ici votre nom, ni d'où vous venez, ni les circonstances de...

**JEANNE**

Je préfère un établissement privé, comme celui-ci.

**MADEMOISELLE GIRARD**

Encore une fois, nos trente lits sont occupés... mais j'espère que dans une huitaine...

**JEANNE**

J'espérais, moi, trouver ici un accueil plus empressé. Ça n'est pas la peine de publier que...

**MADEMOISELLE GIRARD**

A l'impossible, nul n'est tenu.

**MADEMOISELLE GIRARD**

Vous ne comprenez donc pas que j'ai peur de la solitude... et de ses fantômes ? Je suis à l'hôtel. J'y rumine. Personne ne s'intéresse à moi. Alors, je me dis qu'un plongeon dans la Seine arrangerait tout... tandis que si je me sentais entourée, réchauffée, réconfortée... peut-être que ça éloignerait la tentation...

**JEANNE**

Assurément. Je ne peux que regretter...

JEANNE

C'est plus commode. Une belle façade : laissez venir à moi les désespérés... Et quand il s'en présente... la porte au nez !

MADEMOISELLE GIRARD

Vous n'êtes pas juste.

MADAME DE BIENNE

Si, Girard... ce qu'elle dit est juste... Approchez-vous, mon enfant... Approchez votre enfant... Asseyez-vous. Je ne veux rien savoir des motifs de votre détresse... ça ne me regarde pas...

JEANNE

Je n'ai pas dit ça...

MADAME DE BIENNE

Moi, je le dis. Je fais confiance à votre sincérité. Ecoutez-moi... Le plongeon dans la Seine... en voilà une idée ! Vous n'avez pas le droit de supprimer deux existences. C'est ça qui est trop commode !

JEANNE

Alors, qu'on me vienne en aide !

MADAME DE BIENNE

On vous viendra en aide.

JEANNE

A Pâques... ou à la Trinité !

MADAME DE BIENNE

Tout de suite.

JEANNE

Mais non... puisqu'on vient de me dire...

MADAME DE BIENNE

On ne vous a pas tout dit. Je vais faire envoyer ici le lit qui manque. On lui trouvera toujours une place. Quand la sage-femme vient-elle ?

MADEMOISELLE GIRARD

Aujourd'hui. A onze heures.

MADAME DE BIENNE

Bien. Elle examinera madame.

JEANNE

Mademoiselle.

MADAME DE BIENNE

Si vous voulez. Ça m'est égal. Elle examinera mademoiselle et, si l'examen est favorable... ce dont je ne doute pas, vous pourrez coucher ici ce soir, en bonne compagnie.

JEANNE

Je vous demande pardon de mon premier mouvement. Je vois qu'il y a encore de braves gens.

MADAME DE BIENNE

Certainement. Seulement, quelquefois, ils se

cachent. Ils ont peur de se faire remarquer. Mademoiselle Girard, notre directrice, ici présente, a le cœur le meilleur qui soit... mais une écorce un peu rude l'enveloppe. Vous apprendrez à la décortiquer.

JEANNE

Je vous remercie, madame.

*Elle se lève.*

MADAME DE BIENNE

Pas de quoi. Retenez bien ceci : nous ne pratiquons pas la recherche de la maternité, mais, quand elle se déclare, elle est ici chez elle. Allez à côté attendre la sage-femme. Je vous reverrai avant de partir.

*Jeanne sort.*


SCENE XI

MADAME DE BIENNE, MADEMOISELLE GIRARD.


MADAME DE BIENNE

Nous disons trente et un lits occupés...

MADEMOISELLE GIRARD

Dame !...

MADAME DE BIENNE

Plus que le maximum ! Tout va bien.

MADEMOISELLE GIRARD

Il est pénible, évidemment, de refuser du monde... Cepenaant...

MADAME DE BIENNE

Voulez-vous que je vous dise, Girard ? Vous êtes bonne, mais vous n'êtes pas la bonté même.

MADEMOISELLE GIRARD

Que devrais-je faire pour être la bonté même ?

MADAME DE BIENNE

Vous inspirer de la parole du philosophe... qui n'était pas un apôtre... et qui a dit : « Il ne faut pas trop craindre d'être dupe. »

MADEMOISELLE GIRARD

Oh ! je ne craignais pas...

MADAME DE BIENNE

Si. Vous pensiez : cette femme ne me dit pas la vérité. Et vous pensiez ça parce qu'elle ne pleurnichait pas, parce qu'elle était irritée, au contraire... nature, enfin.

MADEMOISELLE GIRARD

Si on les croyait toutes sur parole...

MADAME DE BIENNE

Il faut les croire sur parole, Girard. Il n'y a pas de bonté armée. La vraie bonté ne conçoit pas qu'elle puisse avoir à se défendre.

MADEMOISELLE GIRARD

C'est une raison pour qu'on en abuse.

MADAME DE BIENNE

Qu'est-ce que ça fait, puisqu'elle est inépuisable ! Moi, je suis certaine que cette femme ne ment pas. Si nous l'avions éconduite, elle ne serait pas revenue, pour cause. Et je n'aurais pas dormi tranquille. Vous non plus.

MADEMOISELLE GIRARD

C'est un sauvetage de plus à votre actif.

MADAME DE BIENNE

Oui ? Eh bien, en regard de cet actif... portons le passif, qui s'élève à la somme de... de...

*Elle consulte le registre.*

## SCENE XII

Les Mêmes, CELINE, *puis* MADAME RIBAUDIER.

LA SURVEILLANTE

Madame Dubois est là, madame.

MADAME DE BIENNE

Dubois ?... Ah ! oui, la maman de la petite... Faites-la entrer. Laissez-nous un moment, Girard... Quand je sonnerai, vous nous enverrez la fille de cette dame.

MADEMOISELLE GIRARD

Celle qui est inscrite sous le nom d'Antoinette Dubois ?

MADAME DE BIENNE

Oui.

*La Surveillante et mademoiselle Girard sortent.*

## SCENE XIII

MADAME DE BIENNE, MADAME RIBAUDIER.

MADAME DE BIENNE

Voyons, comment serai-je le mieux ? Assise, debout, étendue ? Dieu ! que c'est gênant !... (*A madame Ribaudier.*) Bonjour, madame. Excusez-moi si je ne me lève pas... mais la douleur m'arracherait un cri... et tout le monde accourrait...

MADAME RIBAUDIER

Vous êtes toujours aussi souffrante ?

MADAME DE BIENNE

Je fais ce que je peux pour qu'on ne s'en aperçoive pas...

MADAME RIBAUDIER

Vous suivez un traitement ?

*Elle s'assoit.*

MADAME DE BIENNE

Oui, le plus ancien. Suivre un traitement, c'est suivre la mode. Je suis démodée. Laissons cela... et venons au fait.

MADAME RIBAUDIER

Antoinette... parlez-moi d'Antoinette.

MADAME DE BIENNE

Eh bien ! mais elle se familiarise avec nos habitudes. Physique, moral... tout va bien. Et vous ? Etes-vous un peu plus rassurée ?

MADAME RIBAUDIER

Je n'ose pas dire oui. Une menace est toujours suspendue sur nos têtes.

MADAME DE BIENNE

Les précautions que vous avez prises, cependant...

MADAME RIBAUDIER

Sont-elles suffisantes ? Vous ne connaissez pas mon mari. Violent comme il est, s'il apprenait que sa fille est ici... il serait capable... de tout... de tout !

MADAME DE BIENNE

Enfin, il croit toujours qu'elle est en province, dans votre famille ?

MADAME RIBAUDIER

Oui, aux environs de Nevers, chez une de mes sœurs à qui je l'ai censément confiée pour rétablir une santé qui nous donnait depuis quelque temps des inquiétudes.

MADAME DE BIENNE

Il ne se doute de rien ?

MADAME RIBAUDIER

De rien... jusqu'à présent. Ses travaux l'absorbent. Je vous ai dit qu'il est entrepreneur d'habitations à bon marché... relatif C'est même pour ça qu'il a été décoré.

MADAME DE BIENNE

Il aime beaucoup sa fille ?

MADAME RIBAUDIER

Oh ! oui ! Une fille unique... et qui s'est fait attendre ! Et puis, il est fier d'elle. Pour montrer combien elle lui a fait honneur quand elle a été reçue à son baccalauréat avec la mention « bien », nous avons offert un grand dîner, chez Marguery. Il y avait là des architectes diplômés, des entrepreneurs avec leurs dames et deux conseillers municipaux influents... qui tutoient monsieur Ribaudier. Il rayonnait. Au dessert, il a donné à Antoinette une bague superbe... superbe !

MADAME DE BIENNE

Et vous ne pensez pas qu'il pardonnerait à cette fille chérie s'il était instruit de sa faute ?

MADAME RIBAUDIER

Oh ! non. C'est l'homme du devoir avant tout. Il serait impitoyable. Il la chasserait.

MADAME DE BIENNE

Même si vous intercédiez en sa faveur ?

MADAME RIBAUDIER

Vous ne connaissez pas monsieur Ribaudier. Rien ne lui résiste. Il nous briserait toutes les deux. Je n'ai aucun empire sur lui. J'ai toujours plié... Je n'ai pas la ferme résolution d'Antoinette.

MADAME DE BIENNE

Elle est rétive ?

MADAME RIBAUDIER

Indomptable !

MADAME DE BIENNE

C'est drôle... nous n'avons pas cette impression. Elle se fait bien venir de tout le monde ici par sa douceur et sa complaisance.

MADAME RIBAUDIER

Elle a tout de même le caractère de son père. Elle n'en fait qu'à sa tête. Ah ! prions le bon Dieu qu'il n'y ait pas de sujet de brouille entre eux !

MADAME DE BIENNE

Vous n'avez pu obtenir d'elle aucun éclaircissement sur l'entraînement qui a eu des suites si graves ?

MADAME RIBAUDIER

Aucun.

MADAME DE BIENNE

Enfin, où étiez-vous, il y a sept mois ? Qui fréquentiez-vous ?

MADAME RIBAUDIER

Je vous l'ai dit. En récompense du succès d'Antoinette aux examens, son père nous a envoyées, elle et moi, passer les vacances en Suisse, au bord du lac de Genève. Oh ! il ne regardait pas à la dépense. Il avait lui-même retenu nos chambres dans un des plus grands hôtels. Nous y avons trouvé beaucoup de monde... des Français, des étrangers, des familles... Il n'est pas possible que ce soit là...

MADAME DE BIENNE

Personne n'était particulièrement empressé auprès de votre fille ?

MADAME RIBAUDIER

Personne. Enfin, je n'ai pas remarqué... Il est vrai que je n'accompagnais pas toujours Antoinette. J'ai eu une phlébite, l'année dernière... Il m'arrivait quelquefois d'aller me coucher, tandis que la jeunesse dansait au salon...

MADAME DE BIENNE

Dangereuses pour le repos, les vacances !...

MADAME RIBAUDIER

A notre retour à Paris, quand j'ai conduit Antoinette chez le médecin et qu'il m'a ouvert les yeux sur la cause de ses malaises, vous pensez bien que je l'ai pressée de questions... Inutilement. Elle reste impénétrable. Elle n'a manifesté sa volonté qu'en choisissant votre maison pour s'y réfugier.

MADAME DE BIENNE

Qui la lui avait indiquée ?

MADAME RIBAUDIER

Un article qu'elle avait lu dans un journal. J'ai cédé. J'ai sans doute eu tort. Mais c'est comme son père : quand elle a une idée dans la tête, si vous croyez que c'est facile de l'en faire démordre !

MADAME DE BIENNE

Et ses projets, quant à l'avenir, en a-t-elle laissé percer quelque chose ?

MADAME RIBAUDIER

Pas que je sache... Elle m'a seulement demandé de lui apporter les livres dont elle a besoin pour préparer la deuxième partie de son baccalauréat. Les voici.

MADAME DE BIENNE

Vous ne pensez pas qu'elle veut s'assurer des moyens d'existence, dans le cas où son père se montrerait intraitable ?

*Elle sonne.*

MADAME RIBAUDIER

C'est possible. Mais soyez sûre qu'elle ne s'expliquera pas plus là-dessus que sur le reste.

MADAME DE BIENNE

Vous allez la voir.

MADAME RIBAUDIER

Ah ! si vous pouviez recevoir ses confidences, vous !

MADAME DE BIENNE

Ce n'est pas toujours en les provoquant qu'on les obtient.

**MADAME RIBAUDIER**

Je vous en prie... Ne laissez pas ma petite Antoinette livrée à elle-même... Elle a dix-sept ans, madame ! Elle est sans expérience... et sans hypocrisie, je vous jure... Elle a toujours vécu entre son père et moi et n'a eu que de bons exemples sous les yeux. Ah ! si je connaissais ce misérable !...

**MADAME DE BIENNE**

Du calme, la voici.


### SCENE XIV

#### Les Mêmes, ANTOINETTE.


**ANTOINETTE**

Bonjour, maman. (*Elle embrasse sa mère.*) Bonjour, madame.

**MADAME RIBAUDIER**

Comment vas-tu ?

**ANTOINETTE**

Bien.

**MADAME RIBAUDIER**

Tu ne t'ennuies pas trop ici ?

**ANTOINETTE**

Non.

**MADAME RIBAUDIER**

Je t'ai apporté du chocolat et des gâteaux secs pour ton goûter. Désires-tu autre chose ?

**ANTOINETTE**

Non.

**MADAME RIBAUDIER**

As-tu écrit à ton père ?

**ANTOINETTE**

Non, pas encore.

**MADAME RIBAUDIER**

Il faut lui écrire... et adresser tes lettres, comme c'est convenu, sous une double enveloppe, à ta tante Adrienne. Elle mettra ta lettre à la poste, à Nevers.

**ANTOINETTE**

C'est entendu, maman. J'écrirai aujourd'hui.

**MADAME RIBAUDIER**

Je t'ai apporté aussi les livres que tu m'as demandés, mais j'ai peur de m'être trompée. Veux-tu voir ?

**ANTOINETTE,** *qui a défait le paquet.*

Sciences naturelles d'Houlbert. Physique et chimie d'Anglas. Histoire contemporaine de Malet... C'est ça. Merci. Tu es bien gentille.

**MADAME DE BIENNE**

Je vais donner des instructions pour que vous puissiez travailler tranquillement, à l'écart.

**ANTOINETTE**

Je vous suis bien reconnaissante...

**MADAME DE BIENNE**

A chacune de mes visites, en outre, je vous ferai venir ici. Nous causerons. Vous voulez bien ?

**ANTOINETTE**

Oui, madame.

**MADAME DE BIENNE**

Nous causerons comme de bonnes amies... Une vieille et une jeune. Vous m'apprendrez ce que je ne sais pas.

*Silence.*

**MADAME RIBAUDIER**

Tu peux avoir toute confiance en madame de Bienne. Elle ne te donnera que de bons conseils... et c'est le tombeau des secrets.

**MADAME DE BIENNE**

Non.

**MADAME RIBAUDIER**

Comment ?

**MADAME DE BIENNE**

Je dis non, parce que la pierre de ce tombeau se soulève quelquefois pour laisser sortir le secret, quand d'une confidence dépend le bonheur... ou tout simplement le soulagement de l'intéressée...

**MADAME RIBAUDIER**

C'est ce que je voulais dire. (*Silence.*) Madame de Bienne est au courant de notre vie, comme si notre famille était la sienne. Rien de mes soucis ne lui est étranger... tu comprends ? On peut rougir devant elle.

**MADAME DE BIENNE**

C'est moi qui baisse les yeux.

**MADAME RIBAUDIER**

Tu entends, Toinon... Fais un effort, ma petite fille... Dis-nous... J'aurais moins peur de ton père, si je pouvais détourner sa fureur sur quelqu'un, le jour où, fatalement, il faudra tout lui avouer. Car nous reculons pour mieux sauter.

**ANTOINETTE**

Ça n'est pas la peine d'insister, maman. Je ne me suis pas réfugiée ici pour y être poursuivie de questions. Ce qui est fait est fait. Je n'ai pas l'intention de ruminer ça toute ma vie. Une seule chose a de l'importance. Cet enfant que j'attends, l'idée de m'en débarrasser... avant ou après... ne m'a pas même effleuré l'esprit... jamais. Je l'élèverai.

MADAME RIBAUDIER

Mais comment ?

ANTOINETTE

En travaillant, s'il le faut. Quand j'aurai passé mes derniers examens, j'apprendrai la sténo, la comptabilité. Enfin, je me débrouillerai.

MADAME RIBAUDIER

Tu ne penses pas que je t'abandonnerai, ma Toinon... Ton père non plus...

ANTOINETTE

Oh !...

MADAME RIBAUDIER

Mais non. Pour le moment, mieux vaut sans doute ne pas s'exposer à sa colère, qui serait terrible. Si j'ai consenti à te laisser venir ici, c'est parce que je suis persuadée que nous le fléchirons plus facilement devant un berceau.

MADAME DE BIENNE

Et puis, il y a toujours l'espoir que le père de l'enfant...

MADAME RIBAUDIER

C'est ce que je ne cesse de répéter à Antoinette... Mais elle ne veut pas le faire connaître... même à moi... à moi seulement... car si monsieur Ribaudier savait qui c'est, mon Dieu !... on ne l'arracherait pas vivant de ses mains !

ANTOINETTE

Tu vois bien. Evitons ça.

MADAME RIBAUDIER

A moins... je ne sais pas, moi... que cet homme ne soit disposé... Tu trembles pour lui...; c'est assez compréhensible, au fond, si tu l'aimes...

ANTOINETTE

Ecoute, maman... Si tu dois venir me voir pour rappeler des visions irritantes que je m'évertue à chasser... et j'y arrive... je préfère que tu espaces tes visites. J'ai besoin de calme. Tout ce que nous avions à nous dire, nous nous le sommes dit...

MADAME RIBAUDIER

Moi, oui... Songe que tu me laisses bâtir des romans absurdes, lorsque tu pourrais, d'un mot, d'un nom, apaiser mon imagination. Je ne dors plus... L'inquiétude et le chagrin me rongent. Je suis à bout de forces. Il faut que ton père soit occupé comme il l'est pour ne pas s'apercevoir... m'interroger... Qu'est-ce que je lui répondrais ?

*Elle tire son mouchoir ; Antoinette le lui prend et le remet dans le sac à main de sa mère.*

ANTOINETTE

Ne t'apprête pas à pleurer, je t'en prie. Les larmes et rien, c'est la même chose. Aie du courage comme moi. Tout s'arrangera. Au revoir maman.

*Elle l'embrasse.*

MADAME RIBAUDIER

Au revoir, ma petite Toinon. A bientôt. (*A Madame de Bienne.*) Je n'espère plus qu'en vous. C'est le Ciel qui vous a envoyée.

MADAME DE BIENNE, *se levant.*

Hé là ! Comme vous y allez ! Je n'ai pas du tout... mais pas du tout... au Ciel, le pouvoir que vous m'attribuez, et ce bureau n'est pas un confessionnal. (*A Antoinette.*) Retournez avec nos femmes dans le jardin. Tout y mûrit : le fruit et la raison. Si je dois cueillir quelque chose... que la volonté de l'arbre soit faite ! (*Antoinette et sa mère sortent.*) Ma parole... je marche toute seule ! (*Elle se dirige à petits pas vers la porte.*) Cinq minutes de répit... J'ai bien envie d'en profiter pour faire un tour de jardin... J'en connais qui vont être un peu surprises... Attention, ma belle ! Charlot te guette !...

*Au moment où elle va atteindre la porte, Jeanne apparaît.*


SCENE XV

MADAME DE BIENNE, JEANNE.


MADAME DE BIENNE

Ah ! C'est vous... Eh bien ?

JEANNE, *transformée.*

Je suis admise ! Je suis admise !...

MADAME DE BIENNE

Alors, vous êtes satisfaite ? (*Jeanne embrasse avec transport la main de sa bienfaitrice.*) Voulez-vous bien !... Vous avez failli me renverser...

JEANNE, *confuse.*

Pardon...

MADAME DE BIENNE

Vous ne voyez donc pas que je suis une tour branlante et que j'ai toutes les peines du monde à garder mon équilibre ?... Prêtez-moi votre bras, mon enfant...

*Et elles sortent ensemble, tout doucement.*

RIDEAU

# ACTE II

### Même décor.

## SCENE PREMIERE

**MADEMOISELLE GIRARD**, *assise à sa table.* **LA SURVEILLANTE**, *devant elle.* **PINSON**, *assise à l'écart, nettoyant des objets de bureau.*

**LA SURVEILLANTE**, *remettant le courrier à mademoiselle Girard.*

On ne sait pas encore exactement quelle somme la loterie a produite ?

**MADEMOISELLE GIRARD**

Non. C'était hier le tirage. Madame de Bienne viendra sans doute tout à l'heure nous en donner des nouvelles.

**LA SURVEILLANTE**

Elle n'a pas téléphoné ce matin : est-ce bon signe ?

**MADEMOISELLE GIRARD**

Tous les billets n'ont pas été placés, loin de là ! Elle sera obligée, cette année encore, de suppléer à ce qui manquera... Et, dame, elle a beau être riche, c'est une charge d'autant plus lourde pour elle que la guerre a diminué sensiblement sa fortune. (*A Pinson.*) Une lettre pour vous, Pinson.

*Pinson vient prendre la lettre et retourne s'asseoir pour la lire.*

**LA SURVEILLANTE**, *continuant la conversation.*
C'est honteux !

**MADEMOISELLE GIRARD**
Qu'est-ce que vous trouvez honteux ?

**LA SURVEILLANTE**
Qu'il soit si difficile d'assurer l'existence d'une œuvre comme celle-ci. Tous ceux qui n'ont pas d'enfants, voyons, devraient au moins aider les femmes qui vont en avoir à les mettre au monde. Je les regardais tout à l'heure, après déjeuner, dans la courette grande comme ici qui leur tient lieu de jardin.

**MADEMOISELLE GIRARD**
Ce que madame de Bienne appelle leur square.

**LA SURVEILLANTE**
Trois arbustes en caisse, des cailloux et un banc !

**MADEMOISELLE GIRARD**
Vous exagérez; mais c'est vrai qu'il faut l'optimisme de Madame pour leur dorer le tableau. Elle dit que les enfants qui vont naître jouent déjà dans le square... par anticipation, sous l'œil de leurs mères qui cousent en bavardant.

**LA SURVEILLANTE**
Ça n'empêche pas qu'un vrai jardin, avec des arbres et des fleurs, ferait mieux leur affaire.

**MADEMOISELLE GIRARD**
Elles n'y pensent pas. Le fardeau qu'elles portent ensemble leur est plus léger. Elles auront le temps de réfléchir et de s'attrister quand elles seront seules. (*A Pinson qui ne lit plus, n'écoute pas et regarde au loin.*) Qu'est-ce que vous avez, Pinson ? Ça ne va pas, chez vous ?

**PINSON**, *vaguement.*
Si... Si...

**MADEMOISELLE GIRARD**
C'est votre mari qui vous écrit ?

**PINSON**
C'est lui.

**MADEMOISELLE GIRARD**
Il s'ennuie ?

**PINSON**
Ça !...

**MADEMOISELLE GIRARD**
Il vous réclame ?

**PINSON**
Pas à cor et à cri. Au contraire. Il n'a pas le temps de s'apercevoir de mon absence.

**MADEMOISELLE GIRARD**
Il est si occupé que ça ?

**PINSON**
J'ai idée qu'il est de service des vingt-quatre heures d'affilée.

**LA SURVEILLANTE**
Dans la rue ?

PINSON

Là ou ailleurs. Enfin, j'ai hâte de rentrer voir à la maison ce qui s'y passe.

LA SURVEILLANTE

La sage-femme a dit que c'est maintenant l'affaire de quelques jours. Faut pas vous tourmenter.

PINSON

Non. Ça n'avance à rien.

MADEMOISELLE GIRARD

Vous reconnaissez vous-même qu'il vous aime bien. C'est lui qui a insisté pour que vous veniez vous reposer ici, parce que, chez vous, vous prenez trop à cœur ce que vous faites... sans parler de vos ménages au dehors.

PINSON

C'est possible, après tout, que je me bile sans raison. C'est bête, le cafard. J'ai le cafard.

MADEMOISELLE GIRARD

Vous... Pinson ?

PINSON

Ça se gagne. Il y a des moments où, sans savoir pourquoi, on a toutes ensemble le cafard. Le temps, l'orage, des fois, ça suffit. Le cafard, c'est comme qui dirait une sale bête de microbe. Il y en a une qui le passe à sa voisine, et ça fait le tour de la maison. Je crois que c'est Jeanne qui me l'a fichu.

MADEMOISELLE GIRARD

Jeanne ? Celle-là n'est guère communicative, pourtant.

PINSON

Des jours. Hier, tenez, elle était gaie comme on ne l'avait jamais vue.

LA SURVEILLANTE

Oui. J'ai remarqué aussi. Mais c'était une gaieté fébrile, presque insolente, pas naturelle.

PINSON

Elle disait : « Aujourd'hui, j'ai envie d'embrasser tout le monde. » Elle avait écrit une lettre.

MADEMOISELLE GIRARD

A qui ?

PINSON

Ah ! ben, si vous croyez qu'elle nous l'a dit... Le soir, en se couchant, elle chantait... Oh ! pas des loufoqueries, bien sûr... de la romance... Enfin, on ne la reconnaissait pas. Ce matin, par exemple, c'était un autre tabac... Elle est restée un bon moment assise au pied de son lit, la tête dans les poings, comme ça... avec sa bouche cousue de mauvais fil et des yeux qui regardaient en dedans...

MADEMOISELLE GIRARD

Comme les vôtres, tout à l'heure.

PINSON

Vrai ? J'avais des yeux qui regardaient en dedans ? Vous voyez bien que c'est contagieux ! Je lui ai dit : « Quoi ? Vous avez pas assez dormi ? » Elle m'a répondu : « Assez pour que la nuit me porte conseil. » Qu'est-ce qu'elle mijote ? Qué'que chose, pour sûr.

MADEMOISELLE GIRARD

Toutes les femmes sont sujettes à ces dépressions... Leur état, des inquiétudes, des souvenirs... tout ce qu'on ne sait pas... Celui qui a dit à la femme : « Tu enfanteras dans la douleur... » n'a pas dit laquelle.

PINSON

Oui. Il n'y a pas des nuages qu'au ciel ! (Elle se lève.) J'ai fini... Vous n'avez plus besoin de moi ?

LA SURVEILLANTE

Si je n'avais pas peur de vous fatiguer, je vous demanderais bien de mettre un peu d'ordre dans ma chambre.

PINSON

Laissez donc... J'y vais. Ça me distraira. C'est seulement quand je travaille que je chante. Plus je m'esquinte, plus j'ai envie de chanter ! C'est rigolo...

Elle sort en chantant : Elle avait de tout petits pétons... Désirée ! sur l'air de Valentine.


SCENE II

MADEMOISELLE GIRARD, LA SURVEILLANTE, puis JEANNE.


LA SURVEILLANTE

Vous n'avez pas l'impression que la conduite de son mari...

MADEMOISELLE GIRARD

Si, j'ai l'impression que son mari n'est pas gardien de la paix du ménage.

LA SURVEILLANTE

Voilà Jeanne qui vient par ici.

JEANNE, entrant.

Je voudrais vous parler. (A la Surveillante qui fait mine de se retirer.) Oh ! vous pouvez rester... Vous n'êtes pas de trop.

MADEMOISELLE GIRARD

Qu'est-ce que vous avez à nous dire ?

JEANNE

Que je m'en vais.

MADEMOISELLE GIRARD

Comme ça... de but en blanc ?

JEANNE

Oui.

MADEMOISELLE GIRARD

Vous regrettez d'être entrée ici ?

JEANNE, *avec élan, mais toujours farouche.*

Oh ! ça... non !

MADEMOISELLE GIRARD

Alors, de quoi vous plaignez-vous ?

JEANNE

De rien. Tout le bien que vous pouviez me faire, vous me l'avez fait.

LA SURVEILLANTE

Nous avons essayé de vous réconforter. Ça n'est pas notre faute si...

JEANNE

Ai-je dit que c'est de votre faute ? Je veux m'en aller, voilà. Je ne dois de comptes à personne.

MADEMOISELLE GIRARD

Mais je vous en demande, moi, en ce qui nous concerne. Vous avez une raison pour nous quitter ? Je veux la savoir.

JEANNE

Ça ne regarde que moi. Je suis venue ici de mon plein gré, j'en sors de mon plein gré. C'est clair.

MADEMOISELLE GIRARD

Soit. Vous ne partirez pas, cependant, avant d'avoir vu madame de Bienne et de lui avoir signifié vous-même votre résolution. Nous l'attendons. Dès qu'elle sera là, je vous ferai appeler. Allez.

JEANNE, *après un instant d'hésitation, en prenant son parti.*

Comme vous voudrez. Mais celui qui me fera revenir là-dessus n'est pas né encore, comme on dit.

MADEMOISELLE GIRARD

Non. Mais il est si près de naître que je vous engage à prendre conseil de lui.

JEANNE

Justement. C'est fait.

*Elle sort.*

## SCENE III

### MADEMOISELLE GIRARD, LA SURVEILLANTE.

MADEMOISELLE GIRARD

Quelle singulière fille !

LA SURVEILLANTE

Celle-là emportera son secret.

MADEMOISELLE GIRARD

A moins que madame de Bienne...

LA SURVEILLANTE

Oh ! Elle en sera comme nous pour ses frais. C'est une créature butée... Depuis quinze jours qu'elle est ici, je ne l'ai vue se prendre de sympathie que pour la petite Antoinette... et encore ! Elle paraissait d'abord la rechercher et puis, sans motif, elle lui a ostensiblement tourné le dos et n'a plus échangé une parole avec elle.

MADEMOISELLE GIRARD

Une lunatique.

LA SURVEILLANTE

Ou une persécutée, on ne sait pas. Elle a plus d'instruction que les autres.

MADEMOISELLE GIRARD

Autrement dit, plus de raisons de se creuser la tête.

LA SURVEILLANTE

Ah ! voilà Madame.

## SCENE IV

### Les Mêmes, MADAME DE BIENNE, CELINE.

*Céline suit madame de Bienne et porte devant elle un paquet volumineux et rond.*

MADAME DE BIENNE

Mesdames de la Délivrance, je suis votre servante !

MADEMOISELLE GIRARD

Quel plaisir de vous voir mieux portante !

LA SURVEILLANTE

Vos rhumatismes vous laissent la paix ?

MADAME DE BIENNE

Une trêve... qui m'a permis d'assister hier au tirage de la loterie.

MADEMOISELLE GIRARD

Résultat satisfaisant ?

MADAME DE BIENNE

Heu ! Couci couça... Les gagnants ont touché leurs lots avec plus d'empressement qu'ils n'ont apporté leur argent. Mais c'est tous les ans la même chose : ils ne sont jamais plus heureux que quand je les ai remboursés. Ce qu'on appelle des bienfaiteurs, quoi ! J'ai tort de parler ainsi. Grâce à cette loterie, nous sommes tirés d'affaires pour quelques mois. Ensuite, j'aviserai.

MADEMOISELLE GIRARD

Comme d'habitude.

LA SURVEILLANTE

Rien ne vous décourage. C'est admirable ! Qu'est-ce que vous attendez, Céline ? Votre délivrance ?

MADAME DE BIENNE

Pauvre Céline ! Devinez ce que je vous apporte là, dans ce paquet ? Un lot qui m'est resté pour compte. Allons, devinez...

MADEMOISELLE GIRARD

C'est volumineux.

LA SURVEILLANTE, *tâtant le paquet.*

On dirait une mappemonde.

MADAME DE BIENNE

Oh ! y en a assez comme ça ici... Ne cherchez pas... (*A Céline qui a posé sur la table le paquet et en déchire l'enveloppe.*) Une boule de jardin... comme on n'en fait plus. La personne qui l'a gagnée me l'a laissée sur les bras. C'est un objet démodé... comme moi. Nous faisons la paire.

MADEMOISELLE GIRARD

Oh !

LA SURVEILLANTE

Elle est magnifique ! Où va-t-on la mettre ?

MADAME DE BIENNE

Vous le demandez, innocente créature ? Mais... dans le square, au milieu des femmes qui s'y contempleront en tournant autour. Ça n'est pas pour elles un miroir déformant, au contraire. Celui-ci, disposé de façon qu'elles ne s'y voient qu'en buste, leur fera oublier une minute qu'elles sont déformées.

MADEMOISELLE GIRARD

Vous pensez à tout !

LA SURVEILLANTE

Très gentil... mais c'est le jardin qui manque le plus.

MADAME DE BIENNE

Évidemment. Avec un bassin au milieu et un jet d'eau, n'est-ce pas ? qui ferait monter et descendre un œuf ?

MADEMOISELLE GIRARD

Ma foi...

MADAME DE BIENNE

Eh bien, non, Girard... pas de jet d'eau, ni d'œuf dansant. Ça n'est pas ici la maison des coquilles vides.

*Elles rient.*

LA SURVEILLANTE

Ça, c'est vrai.

MADAME DE BIENNE, *s'asseyant.*

Voyons... soyons sérieuses ! (*Céline sort.*) Faisons-nous toujours le maximum ?

MADEMOISELLE GIRARD

Oui. Mais une de nos pensionnaires nous tire sa révérence.

MADAME DE BIENNE

Pour le bon motif... enfin, la clinique ?

MADEMOISELLE GIRARD

Plutôt pour le mauvais.

MADAME DE BIENNE

Qui est-ce ?

MADEMOISELLE GIRARD

Jeanne... bien nommée par vous *l'Intraitable.* Elle voulait partir immédiatement, mais je m'y suis opposée.

MADAME DE BIENNE

Vous avez bien fait. Après quoi en a-t-elle ?

MADEMOISELLE GIRARD

Ah ! si nous le savions !

LA SURVEILLANTE

Elle ne le sait peut-être pas elle-même.

MADAME DE BIENNE

Bien. Je vais la voir. Allez me la chercher.

*La Surveillante sort.*


SCENE V

MADAME DE BIENNE, MADEMOISELLE GIRARD, *puis* JEANNE.


MADEMOISELLE GIRARD

En voilà une dont je ne serai pas fâchée d'être débarrassée... Elle nous parle sur un ton !... Enfin, elle démoralise les autres par son attitude agressive... Vous-même, madame, n'avez pas réussi à la civiliser.

### MADAME DE BIENNE

C'est que je n'ai pas su m'y prendre... ou m'y reprendre. Vous êtes extraordinaire, Girard ! La femme enceinte est un enfant qui en porte un autre. Il faut avoir de l'indulgence pour deux. (*A Jeanne qui est entrée.*) Ah ! vous voilà, mademoiselle ? Qu'est-ce qu'on me dit ? Vous avez l'intention d'aller voir ailleurs si nous y sommes ? Eh bien, allez, je ne vous retiens pas. Asseyez-vous. Je veux dire que je ne vous retiendrai pas longtemps. (*Jeanne s'assoit.*) Après ce qu'on a fait ici pour vous, j'ai le droit, vous entendez, j'ai le droit de connaître les motifs de votre départ subit. Votre vie privée ne me regarde pas. On a respecté le silence que vous avez gardé là-dessus... Mais si vous avez quelque chose à nous reprocher, il faut le dire. Vous êtes intelligente. Votre obstination n'est pas le fait d'un esprit borné... Qu'est-ce qu'il y a derrière ce front têtu ? Vous ne voulez pas me le dire ? Eh bien, je vais vous le dire, moi... Vous ruminez une mauvaise action qui vous fait honte... avouez-le donc !

### JEANNE

Je n'ai honte de rien. Si c'était à refaire...

### MADAME DE BIENNE

Ah ! vous voyez bien. Dites-moi ce que vous êtes prête à refaire. Je vous promets de n'en rien répéter à qui que ce soit. (*Devinant la lutte qui se livre en Jeanne, madame de Bienne fait signe à mademoiselle Girard de se retirer; celle-ci obéit.*) Maintenant que nous sommes seules, parlez... Pleurez même si c'est dans vos moyens... Ça vous soulagera. Le plus lourd à porter, c'est ce qu'on garde sur le cœur.

### JEANNE

Pleurer ? Non, alors ! Plus maintenant. J'ai le cœur inondé de joie !

### MADAME DE BIENNE

D'une joie méchante... je le vois dans vos yeux. Rien de plus triste que cette joie-là.

### JEANNE

Hier encore, je ne croyais pas qu'il y eût une justice...

### MADAME DE BIENNE

Et à présent ?

### JEANNE

Ça me paraît dans les choses possibles.

### MADAME DE BIENNE

Il y a une justice, moi, je n'en doute pas.

### JEANNE

Vous n'en doutez pas, mais quand je vous aurai dit ce que j'ai fait pour la mettre en marche,

peut-être me flanquerez-vous à la porte. C'est pourquoi je préfère prendre les devants.

### MADAME DE BIENNE

C'est donc bien grave ?

### JEANNE

Pas pour moi.

### MADAME DE BIENNE

Pour qui, alors ?

### JEANNE

Après tout, si quelqu'un doit me jeter la première pierre, autant que ce soit vous. En arrivant ici, je me suis sentie attirée par une personne seulement... cette petite qu'on appelait Antoinette tout court.

### MADAME DE BIENNE

Oui, je sais...

### JEANNE

C'était la plus jeune... Dix-sept ans... Je la plaignais entre toutes. Et puis, elle n'était pas comme les autres. Inutile de la questionner sur sa famille, les circonstances de son accident... Une volonté de silence égale à la mienne... J'aimais ça... Tout ce qu'on savait, parce qu'elle ne s'en cachait pas, c'est qu'elle continue ses études interrompues. Elle avait toujours un livre de classe dans les mains ou sous les yeux. Et ça me causait même une singulière impression, ce trait d'union entre sa dernière poupée et son poupon à venir...

### MADAME DE BIENNE

Si vous êtes capable de cette émotion, ne vous en défendez pas : elle plaide pour vous.

### JEANNE

Des bêtises ! C'est le sentiment qui nous perd.

### MADAME DE BIENNE

Qui perd gagne.

### JEANNE

Hier matin, la petite avait laissé traîner un livre sur son lit. Je le prends pour le lui remettre... je l'ouvre machinalement... et qu'est-ce que je lis sur la première page ?... Le nom... le nom que l'élève avait oublié d'effacer : Antoinette Ribaudier.

### MADAME DE BIENNE, *se levant.*

C'est un livre qu'on a pu lui prêter.

### JEANNE

Non. Elle a reconnu qu'il lui appartenait.

### MADAME DE BIENNE

Vous n'allez pas, j'imagine, profiter de cette révélation involontaire pour...

### JEANNE

C'est ce qui vous trompe.

MADAME DE BIENNE

Vous oseriez ?

JEANNE

J'ai osé.

MADAME DE BIENNE

Expliquez-vous, je ne comprends pas.

JEANNE

Vous allez comprendre. Le père de cette demoi-selle ignore sa présence ici. Je l'en ai informé.

MADAME DE BIENNE

Vous avez fait ça ?

JEANNE

J'ai fait ça.

MADAME DE BIENNE

Pourquoi ?

JEANNE

Parce que monsieur Ribaudier... enfin le père de cette enfant, est aussi le père du mien.

MADAME DE BIENNE

Vous mentez !...

JEANNE

Regardez-moi : quel intérêt aurais-je à mentir ? Voulez-vous me le dire ? J'étais désarmée, une arme me tombe sous la main, je m'en sers. Est-ce de bonne guerre, oui ou non ?

MADAME DE BIENNE

Il n'y a pas de bonne guerre.

JEANNE

Soit. Il y a la guerre : je la fais.

MADAME DE BIENNE

Misérablement. Mais j'espère encore que vous vous vantez.

JEANNE

Perdez cette illusion. J'ai écrit hier à monsieur Ribaudier.

MADAME DE BIENNE

Vous n'êtes pas sortie et aucune infirmière n'a mis votre lettre à la poste.

JEANNE

Savoir. Je l'ai affranchie et jetée par-dessus le mur. Quelqu'un l'a ramassée et a fait le néces-saire... du moins j'y compte.

MADAME DE BIENNE

Vous n'avez pas mesuré les conséquences...

JEANNE

Les conséquences ? Il y a pensé, lui, quand il a fait de moi sa maîtresse... à l'essai... pour un tri-mestre ?

MADAME DE BIENNE

Où l'avez-vous connu ?

JEANNE

J'étais dactylographe dans ses bureaux. Depuis quelque temps il tournait autour de moi... Il exécutait des travaux dans les environs de Pon-toise. Il m'y avait emmenée plusieurs fois; soi-disant pour des notes à prendre sur place. La dernière fois, comme il était trop tard pour ren-trer dîner à Paris, nous nous sommes arrêtés dans un restaurant de luxe, ce qu'ils appellent un cabaret, sur la route de Saint-Germain. Là, il m'a étourdie... et j'ai perdu la tête...

MADAME DE BIENNE

Il vous a grisée ?

JEANNE

Je ne peux pas dire... J'avais bu à peine... C'est plutôt par ses prévenances qu'il m'a eue... Il me traitait, non plus comme une employée, mais d'égal à égale, comme une amie...

MADAME DE BIENNE

Voyons, vous saviez qu'il était marié ?

JEANNE

Oui, je le savais. Il ne s'en cachait pas. Il di-sait seulement qu'il n'était pas heureux... qu'il n'avait personne à qui se confier...

MADAME DE BIENNE

Parbleu ! C'est toujours aux pauvres que les riches s'adressent pour se faire plaindre. Mais vous ne pouviez pas savoir ça.

JEANNE

Et puis, c'était la première fois que quelqu'un se montrait bon pour moi et me parlait genti-ment... Je croyais rêver...

MADAME DE BIENNE

Quel âge avez-vous ?

JEANNE

Vingt-trois ans.

MADAME DE BIENNE

Vos parents ?

JEANNE

Je suis orpheline. J'ai eu une enfance et une jeunesse pas drôles, entre un beau-père brutal et une mère qui avait peur de lui. J'ai travaillé tout de suite après mon certificat d'études. Ma mère est morte il y a deux ans. Je serais restée avec mon beau-père s'il n'avait pas mis à cet arrange-ment des conditions... abominables. Je me suis séparée de lui. J'ai vécu seule, en meublé.

MADAME DE BIENNE

Monsieur Ribaudier savait tout ça ?

JEANNE

Oui, je lui ai tout raconté ce soir-là, parce qu'il

me questionnait avec bonté, comme jamais il n'avait fait auparavant. Ce n'était pas le même homme. Je me rappelle... nous occupions une petite table, en face l'un de l'autre, dans une salle basse, où la lumière, grâce à des abat-jour, était rose et douce. Des femmes couvertes de bijoux nous entouraient. Comme le bruit des conversations couvrait ma voix, monsieur Ribaudier se penchait souvent vers moi, par-dessus la table, pour entendre ce que je disais... Et je parlais, je parlais... Je me sentais en confiance auprès de lui, comme en ce moment auprès de vous.

MADAME DE BIENNE

Vous vous rattrapiez.

JEANNE

Il était tard quand nous sommes partis. Dans l'automobile, monsieur Ribaudier m'a pris la main. J'avais bien envie de la retirer, mais je n'osais pas le faire... et je n'osais pas non plus lui demander de baisser la glace, à cause que mes vieux gants répandaient, dans cette belle voiture, une affreuse odeur de benzine. Mon animation était tombée. On allait vite. Il faisait noir. J'étais bien. J'aurais voulu aller loin, très loin, tellement j'étais rassurée à côté de cet homme tranquille que j'avais distrait un instant et qui jouait avec ma main comme avec un coupe-papier, en suivant une idée...

MADAME DE BIENNE

Si vous ne deviniez pas laquelle !...

JEANNE

Vous n'avez pas été malheureuse... Vous ne pouvez pas comprendre... Ecoutez, madame. La femme que j'étais... pas vicieuse, quand elle trouve à s'appuyer sur quelqu'un, ne regarde pas nécessairement plus bas que l'épaule.

MADAME DE BIENNE

Oh ! Je ne vous jette pas la pierre : vous êtes suffisamment blessée comme ça.

JEANNE

Une femme qui a soif d'affection... oh ! d'affection seulement, et qui en est privée... vous ne savez pas ce que c'est ! On croit pouvoir s'en passer et, un jour, lasse d'attendre, on s'attache à n'importe qui, faute de mieux !... Les vieilles filles désabusées aiment un perroquet, un chat, une tortue... Entre deux âges et seule au monde comme je suis, on peut encore espérer, en criant au secours, qu'une voix répondra...

MADAME DE BIENNE

Elle a répondu. Vous n'êtes plus seule.

JEANNE

Si.

*Un silence.*

MADAME DE BIENNE

Où en étiez-vous ?

JEANNE

Monsieur Ribaudier savait mon adresse. Quand son automobile m'eut déposée à ma porte, il prit congé de moi en disant : « Reposez-vous demain, Jeanne. Je n'aurai pas besoin de vous. » Et le lendemain, c'est lui qui est venu chez moi... et ce qui s'est passé, épargnez-moi la peine de le dire... Ah ! c'est vrai qu'il m'avait laissé le temps de la réflexion : douze heures !

MADAME DE BIENNE

Alors, pourquoi n'avez-vous pas réfléchi ?

JEANNE

Est-ce que je sais ? Il ne fallait pas me faire passer de cette vie flamboyante à l'obscurité de ma chambre d'hôtel, au fond d'un couloir, et glaciale !

MADAME DE BIENNE

Combien gagniez-vous ?

JEANNE

Sept cents francs par mois. De quoi joindre les deux bouts, sans s'accorder aucune distraction...

MADAME DE BIENNE

La fin de l'histoire, en deux mots.

JEANNE

Eh bien, quand je me suis aperçue de mon état, j'en ai naturellement averti cet homme. A partir de ce moment, inutile de vous dire qu'il m'a évitée. Le mois dernier, pourtant, j'ai réussi à lui parler. Il m'a dit : « Oui, ça va bientôt commencer à se voir... Il faut cesser de travailler... Va faire tes couches quelque part, je te reprendrai après... » Et il m'a donné deux mille francs.

MADAME DE BIENNE

Il a de vos nouvelles ? Il sait que vous êtes ici ?

JEANNE

Non. Qu'il y ait une Assistance publique, ça me suffit. Elle s'occupe de la mère; elle s'occupera de l'enfant. Le reste est mon affaire. Je rends le mal qu'on m'a fait.

MADAME DE BIENNE

Qui vous dit qu'il ne sera pas réparé ?

JEANNE

Ah ! je voudrais bien savoir comment !

*Sonnerie au téléphone.*

MADAME DE BIENNE, *à l'appareil.*

« Oui, c'est moi... Vous dites ? Qui est à l'ap-

pareil ?... Madame ?.. Madame ?... Ah ! oui, je
sais... Non, n'attendez pas. Venez... Venez tout de
suite. » (*Elle raccroche. A Jeanne.*) Eh bien, vous
avez raison, mon enfant. Je crois comme vous
qu'il y aurait des inconvénients à ce que vous
restiez ici. Mais je ne vous laisserai pas dans l'em-
barras. Allez faire vos préparatifs de départ. Je
vous donnerai un mot pour la directrice de l'asile
Michelet, afin qu'elle vous fasse une place chez
elle.

#### JEANNE

Merci.

#### MADAME DE BIENNE

Vous avez surpris un douloureux secret. Si j'étais
votre confesseur, je vous enjoindrais de l'oublier...;
mais je ne suis pas votre confesseur... et vous
êtes une révoltée...

#### JEANNE

Oh ! pas du tout. Tant pis pour moi si j'ai
compris trop tard que le monde est une forêt
de bandits !

#### MADAME DE BIENNE

Il y a tout de même la police. Allez m'attendre.
Je vous reverrai avant votre départ.

#### JEANNE, *sur le seuil, se retournant.*

Peut-être que ma lettre n'est pas parvenue et
ne parviendra pas à son adresse.

#### MADAME DE BIENNE

Vous en serez quitte pour la récrire. Vous n'êtes
pas de celles dont le second mouvement rachète
le premier.

#### JEANNE

Vous n'en savez rien.

*Elle sort brusquement.*

## SCENE VI

MADAME DE BIENNE, MADEMOISELLE GIRARD.

MADEMOISELLE GIRARD, *regardant Jeanne s'éloigner.*
Cette fille-là ne m'inspire décidément aucune
confiance. Je serais bien étonnée si...

#### MADAME DE BIENNE

Fermez la porte, Girard, ne soyez pas étonnée
et veuillez m'écouter. Je suis très ennuyée... Un
monsieur va se présenter tout à l'heure. Il dira
qu'il est le père de la petite Antoinette et qu'il
vient la chercher. Vous l'introduirez ici, vous

nous laisserez seuls et veillerez à ce que personne
ne nous dérange, sauf la mère de cette enfant,
que j'attends aussi. Elle vient de me téléphoner.
Vous la connaissez ?

#### MADEMOISELLE GIRARD

Oh ! oui.

#### MADAME DE BIENNE

Je crois que le père n'est pas commode... Ne
vous laissez pas intimider. L'essentiel est qu'il ne
rencontre que vous dans le vestibule et ne parle
qu'à vous. C'est compris ?

#### MADEMOISELLE GIRARD

Oui. Toutes les femmes sont maintenant à
l'ouvroir.

#### MADAME DE BIENNE

Autre chose. Dites à la surveillante de ne pas
perdre la Jeanne de vue. C'est elle surtout qui ne
doit pas rôder dans les couloirs.

#### MADEMOISELLE GIRARD

Soyez tranquille.

#### MADAME DE BIENNE

Cette mère orageuse se retire. Vous êtes
contente ?

#### MADEMOISELLE GIRARD

Bon débarras ! Si elles ressemblaient toutes à
celle-là...

#### MADAME DE BIENNE

On ne supporte pas le malheur de la même
façon à tous les degrés... (*Bruit d'altercation au
dehors.*) Qu'est-ce que c'est ? Allez donc voir, Girard...

*A ce moment, la porte s'ouvre violemment
et la Surveillante, bousculée, livre passage à Ribaudier qui entre, le visage en-
flammé et le chapeau sur la tête.*

## SCENE VII

MADAME DE BIENNE, RIBAUDIER.

#### RIBAUDIER

Qu'est-ce que c'est que ces façons-là ?...

#### MADAME DE BIENNE

J'allais justement vous le demander.
*Céline est accourue auprès de la Surveil-
lante.*

#### CÉLINE

Madame veut-elle que j'aille chercher un gardien de la paix ?

RIBAUDIER

Oui. De ma part.

MADAME DE BIENNE

Pas besoin. Ce genre de contravention, je m'en charge. (*Elle fait signe aux trois femmes de se retirer. Celles-ci obéissent.*) Qui êtes-vous ?

RIBAUDIER

Je vous retourne la question.

MADAME DE BIENNE

On ne me la pose pas le chapeau sur la tête. (*Il se décoiffe.*) Je suis madame de Bienne, directrice de ce Refuge.

RIBAUDIER

Et moi Ribaudier, Stéphane Ribaudier, le père de la jeune fille que vous séquestrez. Où est-elle ?

MADAME DE BIENNE

Ici, en effet.

RIBAUDIER

Appelez-la... si vous ne voulez pas que le commissaire de police intervienne pour me la faire rendre. (*Il tire sa montre.*) Je vous donne cinq minutes.

MADAME DE BIENNE

Vous tenez beaucoup au scandale ?

RIBAUDIER

Et vous ?

MADAME DE BIENNE

Je vous avertis que vous en ferez seul les frais...

RIBAUDIER

Nous verrons. Je veux qu'on ne se f... de moi ni à la maison, ni ailleurs. Je ne vous demande aucune explication... Si nous avons du linge sale à laver, c'est en famille que nous le laverons. Ça n'est pas votre affaire.

MADAME DE BIENNE

Votre fille est entrée ici amenée par sa mère ; c'est à sa mère que je la remettrai... en votre présence, à la rigueur.

RIBAUDIER

Et les droits du père de famille, alors, on s'assoit dessus ?

MADAME DE BIENNE, *s'asseyant.*

Je ne sais pas sur quoi je m'assieds, mais ça peut bien être sur ce que vous dites, si ce que vous dites a cessé d'être respectable.

RIBAUDIER, *éclatant.*

Répétez... Je ne suis pas respectable ?

*Il fait un pas en avant.*

MADAME DE BIENNE

Les distances, s'il vous plaît. Vous êtes ici chez moi, ne l'oubliez pas.

RIBAUDIER

Pas respectable, parce que ma fille a été séduite et cachée ici à mon insu ? Vous allez tout de même un peu fort ! Mais je vais vous montrer, ma petite dame, de quel bois je me chauffe. Je n'ai pas été élevé dans la soie et le velours, moi, non... Les belles manières, le beau langage, je laisse ça à d'autres. Mais pour ce qui est de l'honnêteté, je ne crains personne. Allez sur le chantier, on vous dira : « Ribaudier est dur, mais juste. Il n'y a pas un entrepreneur plus considéré que lui. »

MADAME DE BIENNE

Si vous voulez que je vous considère... asseyez-vous. Asseyez-vous. Je ne peux pas vous voir tourner comme ça. Vous me donnez le vertige. (*Il s'assoit.*) C'est une lettre qui vous a appris ?...

RIBAUDIER

Une lettre anonyme, oui. Comme je suis le maître chez moi, j'ai eu vite fait d'obliger ma femme à tout avouer... enfin presque tout. Il n'y a plus qu'une petite chose que je veux savoir et que ma fille me dira, je vous en réponds ! Il est probable que vous en avez connaissance, et ma femme aussi.

MADAME DE BIENNE

Je ne sais pas ce que vous voulez dire.

RIBAUDIER

Allons donc ! Me prenez-vous pour un ballot ? Vous êtes dans leurs petits papiers. Vous facilitez sans doute à Antoinette des entrevues avec le gredin qui...

MADAME DE BIENNE

Aucun homme n'est admis en visite ici... et ce qui se passe dans les familles nous est indifférent.

RIBAUDIER

Vous pouvez toujours le dire... Si vous n'étiez pas curieuse, vous ne seriez pas femme, et vous ne seriez pas ici à renifler des histoires malpropres. Finissons-en. Les cinq minutes sont écoulées. Antoinette tout de suite ou le commissaire de police dans une demi-heure. Choisissez.

MADAME DE BIENNE

Comme vous voudrez. (*Elle trace quelques mots sur une feuille de papier et sonne, tandis que Ribaudier s'étant levé, marche avec agitation. Mademoiselle Girard entre.*) Tenez, Girard. Nous attendons.

*Mademoiselle Girard prend la note et sort.*

RIBAUDIER, *s'arrêtant, les mains dans les poches, devant madame de Bienne.*

Alors, ça ne vous dégoûte pas de faire ce métier de blanchisseuse ?

MADAME DE BIENNE

Je ne dis pas de mal du vôtre.

RIBAUDIER

Oui. On vous a rapporté que j'ai gâché le plâtre avant de devenir patron. C'est vrai. Je n'en rougis pas.

MADAME DE BIENNE

Il n'y a pas à en rougir... Mais il ne faut pas non plus donner l'impression que le plâtre se venge.

RIBAUDIER

Le plâtre est le plâtre. Il m'a enrichi. Je ne crache pas dessus.

MADAME DE BIENNE

Vous ne le gâchez plus.

RIBAUDIER

Il m'a fait ce que je suis... solide et serré. Je suis parti de rien...

MADAME DE BIENNE

D'où ça ?

RIBAUDIER

De rien, je vous dis, et je m'en vante ! Ribaudier n'est le fils de personne, il est le fils de ses œuvres. Il s'est fait tout seul.

MADAME DE BIENNE

Tout seul... Ça, c'est une chose à raconter ailleurs qu'ici, où les enfants ont au moins une mère.

RIBAUDIER

En tout cas, je peux me présenter partout la tête haute. On me doit et je ne dois rien à personne.

MADAME DE BIENNE

C'est souvent quand on croit ne rien devoir à personne qu'on doit le plus à tout le monde.

RIBAUDIER

On ne m'a jamais fait plier... pas plus quelqu'un comme vous qu'un de mes ouvriers. Ayant la conscience nette, Ribaudier exige autour de lui la même propreté. Comprenez-vous ?

MADAME DE BIENNE

Oh ! très bien.

RIBAUDIER

Ça suffit

## SCENE VIII

LES MÊMES, JEANNE.

MADAME DE BIENNE

Entrez Jeanne ! (*Ribaudier, qui n'a pas vu entrer Jeanne, se retourne, l'aperçoit et demeure interdit.*) Je n'ai pas besoin de vous présenter...

RIBAUDIER

Vous... ici ?

MADAME DE BIENNE

Vous trouviez tout à l'heure ce Refuge propice aux rendez-vous... Que pensez-vous de celui-ci, monsieur ?

RIBAUDIER, *se ressaisissant.*

C'est une habile diversion... Mais si vous croyez m'avoir de cette façon-là, détrompez-vous. On ne prend pas à vos pièges les vieux renards comme moi !

MADAME DE BIENNE

On peut essayer.

RIBAUDIER

Bon. Je vois ça. Le chantage organisé. Mais je sais traiter une affaire. Où voulez-vous en venir ?

MADAME DE BIENNE

Oh ! à rien... pour le moment, sinon à vous démontrer l'utilité de cette maison.

RIBAUDIER

Abattez donc votre jeu... cartes sur table. Tout s'achète. Le silence comme le reste. J'y mettrai le prix. Combien ?

JEANNE

Rien. Je suis payée. Madame m'est témoin que je n'ai rien fait pour vous rencontrer ici.

MADAME DE BIENNE

C'est vrai.

RIBAUDIER

Alors, c'est mieux encore : le chantage à répétition. Ce que je veux savoir... et ce que vous savez toutes les deux certainement, vous me le vendrez en détail. Vous avez reçu les confidences de ma fille et vous êtes prêtes à me les débiter. Soit. Encore une fois, combien pour chacune ?

MADAME DE BIENNE, *gaiement.*

Eh bien ! vous, au moins, mon bonhomme, vous n'y allez pas avec le manche de la truelle ! Je retiendrai ça.

**JEANNE**

Moi, pas. Je me contente de voir retomber sur vous tout le mal que vous m'avez fait.

**MADAME DE BIENNE**

Juste retour des vilaines choses d'ici-bas !

**RIBAUDIER**

Oui, moquez-vous de moi !... C'est roulant, n'est-ce pas ? un père dans ma situation !

**MADAME DE BIENNE**

Oh ! non. Il est plutôt pénible de donner à sa fille un frère ou une sœur dans ces conditions-là.

**RIBAUDIER**

Pénible, assurément.

**JEANNE**

Oh ! pas tant que ça ! Vous souffrez surtout dans votre orgueil blessé ! Vous rougissez de voir votre fille ici, mais vous ne vous étonnez pas d'y trouver votre maîtresse. Est-ce que je compte, moi ? Je ne porte pas votre nom. L'enfant non plus. Votre fille séduite... ça c'est un tourment ! Moi, je ne suis qu'une contrariété ! Ça passera. C'est déjà passé !

**RIBAUDIER**

Ai-je refusé de vous venir en aide ? Si j'avais su que vous étiez dans cette... dans ce guêpier, je vous en aurais retirée...

**MADAME DE BIENNE**

Oh ! pour elle, un guêpier de plus ou de moins !... Il n'y a que le premier qui coûte.

**RIBAUDIER**

Allons, je ne suis pas un imbécile... (*A Jeanne.*) Vous avez voulu que cette entrevue eût un témoin devant lequel je prendrai envers vous des engagements... Faites-moi connaître ceux que vous avez arrêtés ensemble : j'y souscris. J'ai les dettes en horreur.

**JEANNE**

Je n'attends rien de vous. J'ai ma fierté aussi. Je vais vous débarrasser de moi...

**MADAME DE BIENNE**

Monsieur Ribaudier aimerait peut-être mieux à présent vous voir rester... Il serait plus tranquille.

**JEANNE**

Je vais partir. Vous n'entendrez plus jamais parler de moi... mais j'emporte de mon passage dans cette maison le souvenir le plus réconfortant. Qu'est-ce que vous voulez ? Je ne me fais pas non plus meilleure que je ne suis ! Il y a des cas — le mien, par exemple — où l'on se console de son malheur en le comparant à celui des autres, surtout quand c'est le même. Lorsqu'on

me regardera maintenant comme seule de mon espèce, abandonnée, expiant une faute, — que je n'ai pas commise sans complice, pourtant, — je penserai qu'il y a quelque part une autre victime dont vous êtes bien obligé d'avoir souci... Vous parlez d'un souvenir durable !... Gardez donc votre argent... Je n'ai plus besoin de rien... de rien !...

## SCÈNE IX

### RIBAUDIER, MADAME DE BIENNE.

**MADAME DE BIENNE**

Elle a raison. Vous avez tous les deux une pierre dans votre sac, mais je ne suis pas sûre que ce soit la vôtre la moins lourde à porter.

**RIBAUDIER**

Nous recauserons de ça. Il est clair qu'elle n'a pas dit son dernier mot. Moi non plus. Je ne me dérobe à aucune responsabilité...

**MADAME DE BIENNE**

Vous ne reniez pas votre signature.

**RIBAUDIER**

Quand je l'ai donnée, non. Les engagements que vous prendrez en mon nom, je les remplirai... pourvu qu'ils soient dans mes moyens.

**MADAME DE BIENNE**

Votre confiance m'honore.

**RIBAUDIER**

Il faut bien que vous soyez bonne à quelque chose.

**MADAME DE BIENNE**

Grand merci. (*Elle sonne.*) En revanche... ah ! dame, j'ai des conditions à poser, moi aussi... vous allez me promettre de ne pas brusquer votre fille... sinon...

**RIBAUDIER**

Sinon ?

**MADAME DE BIENNE**

J'aurai le regret de ne pas vous la rendre.

**RIBAUDIER**

De quel droit ?

**MADAME DE BIENNE**

Eh ! mais tout simplement de l'avantage que la chance me donne sur vous. Nous jouons une partie. Vous n'avez qu'un atout dans votre jeu : la loi. Ça ne vaut pas les miens. Vous me promettez ?

RIBAUDIER

Ça dépendra d'Antoinette.

MADAME DE BIENNE

Alors, je vais pousser plus loin l'indiscrétion en exprimant le désir d'assister à l'entretien que vous allez avoir avec elle. Faites-moi la grâce aujourd'hui, aujourd'hui pas plus, de me considérer comme un peu de la famille.

RIBAUDIER

Un subrogé-tuteur.

MADAME DE BIENNE

Mais oui.

RIBAUDIER

Il eût manqué au conseil !

MADAME DE BIENNE

Heureusement, le voilà maintenant au complet.


### SCENE X

LES MÊMES, ANTOINETTE, MADAME RIBAUDIER.


RIBAUDIER, *à sa femme.*

Pourquoi es-tu venue ? Je t'avais défendu...

MADAME RIBAUDIER

J'ai pensé que ma place...

RIBAUDIER

Ta place est à la maison !

MADAME DE BIENNE

Je ne suis pas de cet avis. Une mère a toujours voix au chapitre. Il y a même des cas où c'est la seule qui compte.

RIBAUDIER

Permettez !

MADAME DE BIENNE

Je vous permets de vous asseoir... et je vous demande de garder votre sang-froid. (*Ils s'assoient tous les trois. A Antoinette.*) Vos parents, mon enfant, vous réclament. Il me paraît difficile... si ce n'est impossible... de m'opposer à votre départ.

ANTOINETTE

Et si pourtant je ne consentais pas à m'en aller ?

RIBAUDIER

Une fille mineure et dans ta position n'a pas de volonté à manifester. Elle n'a qu'à obéir.

ANTOINETTE

Justement. Je ne suis pas dans un état de santé à subir des scènes du matin au soir... les scènes qui m'attendent si je rentrais à la maison.

RIBAUDIER

Non, mais tu crois peut-être mériter des compliments ?

MADAME RIBAUDIER

Aie pitié...

ANTOINETTE

Je ne demande pas de pitié non plus.

RIBAUDIER

Fais-moi le plaisir, pour commencer, de quitter ce ton supérieur, si tu veux que la conversation continue. Tu n'as pas à la diriger.

MADAME DE BIENNE

Non. C'est plutôt moi que ça regarde.

RIBAUDIER

Alors, qu'est-ce que je fais ici ?

MADAME DE BIENNE

Vous pourriez être un avocat : un accusateur, non.

MADAME RIBAUDIER

Antoinette est à plaindre, d'abord.

RIBAUDIER

Et nous ? Le déshonneur sur toute une famille...

MADAME DE BIENNE

Ah ! si l'histoire des familles était connue, le scandale ne serait pas toujours où il éclate !

ANTOINETTE

Dans quelques semaines, je serai mère, ça donne à réfléchir. Ici, ça m'est permis. J'ai rencontré dans cette maison des femmes dont je suis devenue l'égale...

RIBAUDIER

Non, mais écoutez-la !

ANTOINETTE

L'égale, oui. Pas une ne m'a interrogée.

RIBAUDIER

Il n'eût plus manqué que ça !

ANTOINETTE

Elles ne m'ont pas fait de confidences et n'en ont pas reçu de moi. Il y a un secret entre nous, c'est vrai... mais, pour le révéler, nous n'avons pas même un geste à faire.

MADAME DE BIENNE

Si ce n'est le signe de la croix, qui conjure les orages... et encore !

ANTOINETTE

Pour les autres mères, je suis la plus malheureuse, parce que la plus jeune. Elles m'ont enseigné à ne pas regarder en arrière...

MADAME DE BIENNE

Le voyageur qu'elles conduisent ne leur permet plus de se retourner.

MADAME RIBAUDIER

Mais nous ne sommes pas des étrangers pour toi, Antoinette !

RIBAUDIER

Elle s'en apercevra.

ANTOINETTE

Moins que tu ne crois, papa. L'enfant que tu menaces, songes-y, ce n'est plus moi.

RIBAUDIER

Ce langage dans la bouche d'une fille de dix-sept ans !

ANTOINETTE

Je parais encore les avoir : je ne les ai plus.

RIBAUDIER, à madame de Bienne.

Si c'est là votre ouvrage... mes félicitations !

MADAME DE BIENNE

Attendez pour me les adresser. Vous faites la grosse voix contre cette enfant, mais ce n'est pas elle, au fond, qui vous met en fureur. Vous avez pressé de questions votre femme pour savoir le nom du vrai coupable, et elle n'a pas pu vous le dire, pour cette bonne raison qu'elle l'ignore.

RIBAUDIER

A qui ferez-vous croire ça ?

MADAME DE BIENNE

C'est pourtant la vérité.

ANTOINETTE

C'est la vérité.

RIBAUDIER

Mais toi, tu le sais. Pourquoi ne le dis-tu pas ?

MADAME DE BIENNE

Elle va nous le dire. (Dénégation muette d'Antoinette.) Elle va nous le dire... à une condition.

RIBAUDIER

Voyons ça...

MADAME DE BIENNE

Vous pardonnerez à votre fille et vous n'aurez plus pour elle, quand elle va revenir au milieu de vous, que des sentiments affectueux et des paroles de soutien.

RIBAUDIER

Tout ce que vous voudrez. Mais le nom ! A l'idée que je connais peut-être cet individu, que je lui ai serré la main et ouvert ma porte, mon sang ne fait qu'un tour.

ANTOINETTE

Tu ne le connais pas.

RIBAUDIER

Il ne t'en doit pas moins la réparation que j'obtiendrai de lui, je t'en réponds !

ANTOINETTE

Tu n'obtiendras rien.

RIBAUDIER, à madame de Bienne.

Vous entendez !

MADAME DE BIENNE

Laissez-la parler.

MADAME RIBAUDIER

Fais ta confession tout entière, ma Toinon, puisque ton père a promis...

MADAME DE BIENNE, à Antoinette.

Aimez-vous mieux que je me retire ?

ANTOINETTE

Non. Mais à quoi bon m'obliger à une dénonciation inutile ?

MADAME RIBAUDIER

Nous te croirons. Où as-tu connu cet homme ?

ANTOINETTE

En Suisse... aux dernières vacances que nous avons passées à Montreux, maman et moi. Il y avait à l'hôtel des personnes étrangères avec lesquelles nous étions liées. On faisait des promenades ensemble et, le soir, on dansait.

RIBAUDIER

Dans ces promenades, ta mère t'accompagnait.

ANTOINETTE

Pas toujours. Elle n'était pas bien portante. Depuis sa phlébite, elle ménage ses forces. Elle me laissait sortir seule. Un homme me témoignait beaucoup d'égards...

RIBAUDIER

Et ta mère ne remarquait pas les assiduités de ce jeune homme ?

ANTOINETTE

Ce n'était pas un jeune homme !

RIBAUDIER

Alors, qu'est-ce que c'était ?

ANTOINETTE

Un homme d'une trentaine d'années, qui avait l'air sérieux et ne s'occupait pas de moi exclusivement. C'est seulement quand il a su que j'apprenais l'anglais qu'il s'est intéressé à ma vie, à mes études. Comme il parlait anglais couramment, il pensait que la conversation faciliterait mes progrès...

**RIBAUDIER**

Et ta mère assistait à la leçon.

**MADAME RIBAUDIER**

Oui. J'avoue même que j'étais heureuse d'une rencontre qui pouvait être utile à Antoinette.

**ANTOINETTE**

De mon côté, je me sentais attirée vers lui.

**RIBAUDIER**

Il t'avait parlé mariage, ça va de soi.

**ANTOINETTE**

Non. Il m'avait dit seulement qu'il était libre, qu'il portait le deuil d'un grand espoir déçu !... qu'il avait besoin de voyager pour oublier..., qu'il me reverrait à Paris où des affaires à régler l'appelleraient l'hiver suivant.

**RIBAUDIER**

Tout le boniment, quoi !

**ANTOINETTE**

Il n'avait rien d'un séducteur... mais il possédait le don de plaire. Ses yeux me fascinaient... et peut-être à cause de son accent étranger, les paroles qu'il disait me semblaient toutes neuves et n'avoir jamais été dites.

**RIBAUDIER**

Paroles anciennes sur des airs connus.

**ANTOINETTE**

Je ne les connaissais pas. J'étais troublée.

**RIBAUDIER**

Petite dinde !

**ANTOINETTE**

Tu dis bien.

**RIBAUDIER**

Ah ! ça sert à grand'chose d'être savante !

**ANTOINETTE**

Ça peut servir.

**RIBAUDIER**

Et d'où venait-il... ce métèque ?

**ANTOINETTE**

De Yougoslavie.

**RIBAUDIER**

Je l'aurais parié !

**ANTOINETTE**

Son père y était propriétaire de vastes domaines qu'il exploitait.

**RIBAUDIER**

Où ça ?

**ANTOINETTE**

Dans les environs de Belgrade.

**RIBAUDIER**

Oui. Cours après ! Ça ne fait rien. J'irai tout de même lui casser la figure. Il s'appelle ?

**ANTOINETTE**

Voïkotchevitch.

**MADAME RIBAUDIER**, *éclairée.*

Ah !... c'était lui !

**RIBAUDIER**

Un nom à coucher dehors, naturellement. (*A sa femme.*) Et tu ne t'es aperçue de rien ?...

**MADAME RIBAUDIER**

Pardonne-moi. Je me reproche assez... Cet homme était si convenable, si distingué, si bien de sa personne...

**RIBAUDIER**

Tout le monde, excepté toi, sait qu'il faut se méfier des gens trop polis pour être honnêtes. (*A Antoinette.*) Après ?

**ANTOINETTE**

Un jour... il venait de recevoir un petit gramophone portatif...

**RIBAUDIER**

Autre musique !...

**ANTOINETTE**

Il me demanda de lui dire s'il avait fait un bon choix. Je l'ai suivi dans sa chambre.

**RIBAUDIER**

C'est complet !

**ANTOINETTE**

Je ne voulais pas paraître avoir peur de lui.

**RIBAUDIER**

Tu crânais !... Dancing intime ! Charleston et black-bottom... Je lui botterai quelque chose, moi, à ce danseur !

**ANTOINETTE**

Oh ! des musiques de danse, non..., plutôt des murmures qui m'énervaient, en me frôlant comme des oiseaux invisibles... et qu'on semblait ne pouvoir écouter qu'en fermant les yeux. J'ai voulu résister... Je me suis caché la tête dans les mains pour essayer de fuir le regard qui me maîtrisait... Et puis... je ne sais plus...

*Elle refait le geste de se couvrir le visage de ses mains.*

**RIBAUDIER**

Comme une fille d'hôtel ! C'est du propre ! Ah ! tu étais bien gardée ! (*Madame Ribaudier fond en larmes.*) Oh ! on n'a jamais rien lavé dans les larmes !

MADAME DE BIENNE

Encore moins dans un cœur sec.

RIBAUDIER

Et tu n'as rien dit à ta mère ?

ANTOINETTE

Je tiens de toi une chose au moins : l'orgueil. Je ne pouvais pas me faire à l'idée que j'avais été le jouet, la dupe de cet enjôleur, moi ! prise au miroir comme une alouette !... J'étais encore plus furieuse contre moi que contre lui. Une pareille humiliation... et qui n'était pas la dernière !

RIBAUDIER, *serrant les poings.*

Crapule ! Achève. Tu vois bien que ton aveugle mère est impatiente, comme moi, de tout savoir.

ANTOINETTE

Huit jours après, un matin, cet homme est parti pour faire une excursion en montagne...

RIBAUDIER

Et on ne l'a pas revu...

ANTOINETTE

Non.

RIBAUDIER

Parti sans laisser d'adresse !

ANTOINETTE

Et sans même acquitter sa note d'hôtel. Un vulgaire escroc ! Si l'on mourait de honte, j'en serais morte !

RIBAUDIER

Tu souffrais surtout dans ton orgueil.

ANTOINETTE

Il est dans un bel état, mon orgueil !

RIBAUDIER

Et le mien ?

ANTOINETTE

J'ai eu la naïveté d'attendre encore, toute une semaine, une lettre, un mot, quelque chose... Et puis, tout d'un coup, ma résolution a été prise. J'ai dit à maman : « Allons-nous-en ! Allons-nous-en ! Je ne veux pas rester ici un jour de plus ! »

MADAME RIBAUDIER

C'est vrai.

RIBAUDIER

Et tout ça ne t'a pas ouvert les yeux ?

MADAME RIBAUDIER

J'ai cru qu'Antoinette s'ennuyait... Punis-moi seule, Stéphane ! C'est de ma faute...

ANTOINETTE

Tu vois, maman, comme j'avais raison de me

taire et de tout prendre sur moi. Tu vas avoir une existence insupportable.

RIBAUDIER

Deux martyres, quoi ! Et le bourreau, c'est moi !

MADAME DE BIENNE, *à Antoinette.*

Maintenant que votre père sait tout, le mieux serait, peut-être, d'aller faire vos couches en province...

RIBAUDIER

Parbleu ! La province nous envoie assez de filles-mères pour autoriser l'échange. Et après ?

MADAME DE BIENNE

Après, vous aviserez. Si je peux vous être de bon conseil...

RIBAUDIER

Comment donc ! Vous avez fait vos preuves. Vous remettrez ça !

MADAME DE BIENNE

Ce qui veut dire ?

RIBAUDIER

Que vous avez contribué à me cacher l'existence de l'enfant...

MADAME DE BIENNE

Son existence, non.

RIBAUDIER

Et que vous comptez maintenant sur le berceau pour me faire tout avaler. Eh bien, vous ne m'avez pas regardé. J'aviserai, en effet, mais sans consulter personne. J'ai un rang à tenir, moi aussi. Je suis chevalier de la Légion d'honneur, madame.

MADAME DE BIENNE

J'ai le même grade que vous, monsieur... et je n'en suis pas plus fière pour ça !

MADAME RIBAUDIER

Viens, ma Toinon... Ton père ne sera pas impitoyable.

MADAME DE BIENNE

Rentrez chez vous. L'orage s'éloigne. Le cas n'est pas désespéré. Il y a de pires détresses.

RIBAUDIER

Vous trouvez ?

MADAME DE BIENNE

Oui. Il y a la femme seule... plaquée, comme elles disent, sans parents, avec un fruit, pas même de l'amour, du caprice... Nous lui donnons un moment asile... mais vous disiez bien, monsieur Ribaudier : et après ? Tenez, en voici justement une...

## SCENE XI

### LES MÊMES, JEANNE.

JEANNE

Je vous demande pardon de vous déranger... Je venais chercher le mot pour l'asile Michelet.

MADAME DE BIENNE

Attendez, je vais vous le donner.

MADAME RIBAUDIER

Encore merci, madame.

ANTOINETTE, à Jeanne.

Vous vous en allez aussi ?

JEANNE

Oui.

ANTOINETTE

Pourquoi vous en allez-vous ?

JEANNE

Je ne sais pas. Une idée comme ça...

ANTOINETTE

Vous avez tort. Vous étiez bien ici. Qu'est-ce que vous allez faire ?

JEANNE

Oublier... si c'est possible.

ANTOINETTE

Ça n'empêche pas de nous dire au revoir... même si nous ne devons plus jamais nous revoir.

JEANNE

Il y a des chances.

ANTOINETTE

Alors, toutes celles que je quitte, laissez-moi les embrasser, en vous embrassant. Vous voulez bien ?

*Elles s'embrassent.*

MADAME RIBANDIER, à madame de Bienne.

Qui est-ce ?

MADAME DE BIENNE

Une autre. (A Antoinette.) Allez avec votre mère chercher au Refuge ce qui vous appartient. (*Elles sortent au fond. A Jeanne.*) Vous, restez...

RIBAUDIER, montrant le vestibule.

Je peux attendre là ?

MADAME DE BIENNE

Oui, oui...

*Il sort.*

## SCENE XII

### MADAME DE BIENNE, JEANNE.

MADAME DE BIENNE, *regardant sortir Ribaudier.*

Toi, mon bonhomme, tu t'apprêtes à ne tenir aucune de tes promesses. Nous allons voir ça... (*A Jeanne.*) A nous deux ! Vous n'avez plus de raisons pour vous en aller...

JEANNE

Si vous croyez que je peux...

MADAME DE BIENNE

Vous ne connaissez personne dehors. Ici, vous êtes sous ma sauvegarde. Les femmes doivent s'entr'aider. L'homme ne leur est indispensable que pour devenir mères. Cette formalité remplie, ce qui peut leur arriver de plus fâcheux, c'est d'avoir encore besoin de lui. Allez.

*Jeanne sort.*

## SCENE XIII

### MADAME DE BIENNE, RIBAUDIER.

RIBAUDIER, *rentrant, le chapeau à la main.*

J'aurais encore un mot à vous dire... Vous permettez ?

MADAME DE BIENNE

Oui, mais soyez bref.

RIBAUDIER

Je voudrais pouvoir penser, en m'en allant, que j'ai en vous une alliée plutôt qu'un adversaire.

MADAME DE BIENNE

Vous n'êtes pas difficile !

RIBAUDIER

J'ai réfléchi. L'idée que la fille de Ribaudier, qui est riche, a été admise ici gratuitement..., cette idée-là m'est insupportable.

MADAME DE BIENNE

Tâchez de la supporter tout de même.

RIBAUDIER

Quelle somme représente, pour un donateur éventuel, le prix d'un lit dans cette maison ?

MADAME DE BIENNE

Fondation perpétuelle ?

RIBAUDIER

Oui. Combien ?

MADAME DE BIENNE

Cinquante mille francs, au lieu de vingt mille avant la guerre. Ah ! dame, tout a renchéri !

RIBAUDIER

Voici un chèque de cette somme.

*Il s'assoit pour le remplir.*

MADAME DE BIENNE

Ça vous donne droit à une plaque de marbre avec votre nom gravé dessus en lettres d'or.

RIBAUDIER

Oui ? Eh bien ! si vous voulez me faire plaisir, vous mettrez simplement : don anonyme.

MADAME DE BIENNE

Je crois, en effet, que ça vaut mieux.

RIDEAU

# ACTE III

Chez Ribaudier. Un salon-bureau, confortable, sans élégance.

### SCENE PREMIÈRE

### RIBAUDIER, DUPRE

*Ribaudier dépouille le courrier. Dupré est debout en face de lui.*

RIBAUDIER

Tout va bien, au chantier ?

DUPRÉ

Oui, monsieur. Les travaux seront terminés à la fin de la semaine.

RIBAUDIER

Bien. Nous allons pouvoir nous occuper d'autre chose. Je vais sans doute avoir besoin de vous en province, Dupré. Une grosse affaire qui se décidera ces jours-ci. Un homme de confiance m'est indispensable. J'ai pensé à vous.

DUPRÉ

Je vous remercie, monsieur.

RIBAUDIER

Attendez pour me remercier, et asseyez-vous. Il n'est pas dit du tout que ma proposition vous séduira.

DUPRÉ

Oh ! je serais bien étonné...

RIBAUDIER

C'est loin... dans le Midi. Il faut tabler sur quel-

ques mois d'absence... peut-être un an, et dame ! si vous étiez retenu à Paris par... certaines obligations...

DUPRÉ

Je vis avec ma mère...

RIBAUDIER

Qui est veuve... oui, je sais. Mais en dehors de votre mère... quelque chose... une liaison, pourrait...

DUPRÉ

Je n'ai pas de liaison... ou, si j'en ai une, elle ne m'engage à rien.

RIBAUDIER

Vous avez bien de la chance ! A vingt-neuf ans... Vous avez vingt-neuf ans ?

DUPRÉ

Trente.

RIBAUDIER

Pas de projets de mariage ?

DUPRÉ

Ma foi, non.

RIBAUDIER

Vous n'êtes pas pressé.

DUPRÉ

J'ai, pour le moment, une charge de famille suffisante.

RIBAUDIER

Vous êtes prudent. Vous avez raison. Si pourtant votre situation s'améliorait ?

DUPRÉ

Je verrais.

RIBAUDIER

Le mariage pourrait l'améliorer.

DUPRÉ

La fortune va à la fortune comme l'eau à la rivière.

RIBAUDIER

Pas toujours. Votre intelligence, vos capacités représentent un capital. Un fainéant riche est pour moi moins riche qu'un bûcheur pauvre.

DUPRÉ

Il y a la chance... et, jusqu'ici, je n'ai eu que celle de faire la guerre sain et sauf.

RIBAUDIER

Pour des débuts dans la chance, ça compte. Espérons qu'elle vous restera fidèle. Si je peux l'aider...

DUPRÉ

Vous êtes trop bon.

RIBAUDIER

Au fond, vous n'avez pas d'idée préconçue contre le mariage.

DUPRÉ

Oui et non. On ne peut pas regarder le mariage comme on le regardait avant la guerre. Le monde a vieilli. Les jeunes homme démobilisés ont retrouvé la femme préoccupée avant tout de son émancipation. Alors, ils se sont dit : « Puisqu'elle veut se passer de nous, tâchons de nous passer d'elle. »

RIBAUDIER

Hé là !

DUPRÉ

Oh ! je m'entends. Je veux dire que l'homme hésite maintenant à prendre un fardeau trop lourd pour ses épaules.

RIBAUDIER

Il est moins lourd quand on est deux à le porter.

DUPRÉ

Vérité d'hier.

RIBAUDIER

Vous trouvez fâcheux que la femme travaille ?

DUPRÉ

Le malheur n'est pas que la femme travaille : c'est qu'elle ait la prétention, en travaillant, de conquérir son indépendance. Mauvais ménage.

RIBAUDIER

Elle peut ne pas travailler et apporter néanmoins à son mari une aide efficace.

DUPRÉ

Par sa dot ? Elle coûte plus cher, alors, en ne faisant rien, que si elle gagnait sa vie. Autre mauvais ménage. Je sais bien qu'il y a le divorce ; mais j'ai peu de goût pour une porte de sortie qui se prête à un va-et-vient perpétuel.

RIBAUDIER

Bref, le mariage ne vous tente pas. Même si l'amour vous y conduisait ?

DUPRÉ

L'amour, oui... Et encore ! L'amour ne fait pas le bonheur.

RIBAUDIER

Il y contribue.

DUPRÉ

Pour commencer.

RIBAUDIER

Votre génération n'est pas sentimentale.

DUPRÉ

Elle se méfie. Ce n'est pas de sa faute si l'union sacramentelle est devenue, par l'usage qu'on en a fait, un traquenard où l'un des conjoints, quand ce n'est pas les deux, laisse des plumes.

RIBAUDIER

Si ça fait un nid !

DUPRÉ

Ça n'en fait plus... ou bien il n'est pas douillet.

RIBAUDIER

L'homme et la femme laissent les mêmes plumes hors du mariage.

DUPRÉ

La femme est même celle des deux qui en laisse le plus. Si son émancipation doit la prémunir contre les accidents, je comprends qu'elle la poursuive, et si l'homme en fait autant de son côté, peut-être la société future sera-t-elle plus confortable que celle-ci.

RIBAUDIER

Vous n'êtes pas un emballé. Vous pesez les conséquences de vos actes. Voulez-vous que je vous dise, Dupré ? Eh bien, je suis convaincu que vous avez un bel avenir devant vous.

DUPRÉ

J'en accepte l'augure, monsieur Ribaudier. Mais je me fais peu d'illusions.

RIBAUDIER

Je le vois. Vous aimez l'argent ?

DUPRÉ

Oui.

RIBAUDIER

L'argent gagné... ou l'argent qui vous tombe du ciel ?

DUPRÉ

L'argent qui vous tombe dans la poche pour vous procurer le plus de satisfaction possible. La vie est courte. Elle paraissait longue autrefois, parce qu'on la compliquait.

RIBAUDIER

Comment ?

DUPRÉ

Par la prévoyance. On songeait trop à l'avenir pour jouir du présent.

RIBAUDIER

On était moins vite usé.

DUPRÉ

On était vieux plus tôt.

RIBAUDIER

On avait plus de cœur que d'estomac. C'est le contraire.

DUPRÉ

Mettons que ça s'équilibre. Voyez-vous, patron, la dernière guerre a ruiné une fois pour toutes les projets d'avenir. On n'a pas envie de bâtir sous la menace du danger.

RIBAUDIER

L'insecte et l'oiseau refont continuellement leurs galeries et leurs nids détruits.

DUPRÉ

Ils n'ont que ça à faire.

RIBAUDIER

En définitive, vous pensez qu'il faut prendre le temps comme il vient.

DUPRÉ

Et marcher avec lui, oui.

RIBAUDIER

En avant, marche !


## SCENE II

LES MÊMES, LA FEMME DE CHAMBRE, *puis* MADAME DE BIENNE.


RIBAUDIER

Qu'est-ce que c'est ?

LA FEMME DE CHAMBRE

Une visite pour Monsieur.

RIBAUDIER

Vous avez dit que j'étais là ?

LA FEMME DE CHAMBRE, *présentant une carte.*

Monsieur n'avait pas défendu sa porte.

RIBAUDIER

Faites entrer cette dame. Laissez-nous un moment, voulez-vous, Dupré. Passez à côté, vous y trouverez quelques lettres qui demandent une réponse. (*Dupré sort à droite. Ribaudier allant au-devant de madame de Bienne qui entre par le fond.*) Bonjour, madame. Ravi de vous voir.

MADAME DE BIENNE

Je ne vous dérange pas ?

RIBAUDIER

Vous ne me dérangez jamais. Que ce soit dit une fois pour toutes. (*Il lui avance un siège.*) Je regrette seulement que ma femme...

MADAME DE BIENNE

Elle n'est pas là ?

RIBAUDIER

Non. Elle ne rentre que tantôt. Elle est allée passer quelques jours dans la Nièvre, auprès de la nourrice de l'enfant.

MADAME DE BIENNE

Il est malade ?

RIBAUDIER

Pas que je sache. Je crois plutôt qu'il se porte comme un charme.

MADAME DE BIENNE

Le mot, dans votre bouche, me plaît !

RIBAUDIER

Il m'a échappé. Je désire qu'on ne parle pas de ce crapaud.

MADAME DE BIENNE

Vous êtes un grand-père sans vocation.

RIBAUDIER

Un grand-père malgré lui, c'est ça.

MADAME DE BIENNE

Je préfère que madame Ribaudier soit absente, car c'est de Jeanne et de son enfant que je viens vous entretenir.

RIBAUDIER

Allons, avouez que vous avez de moi une meilleure opinion. Somme toute, j'ai fait ce que vous vouliez. Vous n'avez rien à me reprocher envers l'enfant.

MADAME DE BIENNE

Si, de l'avoir fait.

**RIBAUDIER**

Ne revenons pas là-dessus... Jeanne est toujours à Bordeaux, dans la place que vous lui avez trouvée ?

**MADAME DE BIENNE**

Oui, on est très content d'elle.

**RIBAUDIER**

Je paie exactement les mois de nourrice.

**MADAME DE BIENNE**

Vous n'aurez plus à les payer.

**RIBAUDIER**

Elle le reprend avec elle ?

**MADAME DE BIENNE**

Il est mort. (*Silence.*) On l'a enterré avant-hier.

**RIBAUDIER**

Non ?

**MADAME DE BIENNE**

Vous croyez être exempt de reproche parce que vous payez les mois de nourrice ? C'est absurde ! Loin de la mère, la nourrice ne remplace celle-ci d'aucune façon.

**RIBAUDIER**

Elle allait voir son enfant tous les huit jours... vous me l'avez dit.

**MADAME DE BIENNE**

Tous les huit jours, oui. Ça vous paraît suffisant, à vous qui n'êtes que le père.

**RIBAUDIER**

C'est un malheur... un grand malheur... Elle ne méritait pas... non, elle ne méritait pas... Si seulement elle m'avait laissé voir cet enfant, je me serais sans doute attaché à lui...

**MADAME DE BIENNE**

Pas sûr.

**RIBAUDIER**

Elle n'a pas voulu. Ah !... c'est vous-même qui m'avez signifié son refus.

**MADAME DE BIENNE,** *ironique.*

Vous n'avez pas insisté. Ça n'est pourtant pas à l'enfant qui vient de naître à tendre les bras.

**RIBAUDIER**

Oui, vous m'avez toujours cru insensible... Je ne le suis pas. Si je pouvais racheter l'existence de ce pauvre petit, oh ! ça serait vite fait, à n'importe quel prix !

**MADAME DE BIENNE**

Oui, mais voilà : tout s'achète... excepté ça !

**RIBAUDIER**

Voyons, est-ce de ma faute si Jeanne n'a pas voulu accepter quelque chose de moi que pour son enfant ?

**MADAME DE BIENNE**

C'est une de ces filles-mères qui ne veulent pas qu'on dise que l'enfant leur a rapporté.

**RIBAUDIER**

Enfin, j'espère qu'il sera plus facile à Jeanne maintenant de refaire sa vie.

**MADAME DE BIENNE**

Pas tout de suite. Le deuil d'un enfant se porte plus de neuf mois. Songez à l'existence de cette malheureuse en face d'une ombre immobile sur un mur tout nu !

**RIBAUDIER**

Dites-moi ce qu'il faut faire, je le ferai.

**MADAME DE BIENNE**

Il n'y a rien à faire... et voilà le pire... et vous en êtes responsable.

**RIBAUDIER**

Je ne suis pourtant pas méchant.

**MADAME DE BIENNE**

Jeanne non plus n'est pas méchante. Elle pouvait troubler la paix de votre ménage, elle n'avait qu'un mot à dire : tandis que madame Ribaudier ne s'est jamais doutée de rien, pas plus que votre fille.

**RIBAUDIER**

Oh ! je n'en suis guère plus tranquille pour ça !

**MADAME DE BIENNE**

Vous vous trouvez le plus à plaindre ?

**RIBAUDIER**

Non... mais je me fais néanmoins du mauvais sang... et vous savez à quel sujet. Puisque vous êtes là, je vais même en profiter pour vous demander un petit service.

**MADAME DE BIENNE**

Dites.

**RIBAUDIER**

Je cherche à marier ma fille. Ma femme vous l'a peut-être déjà dit...

**MADAME DE BIENNE**

Oh ! deux mots seulement...

**RIBAUDIER**

Oui, ce n'était qu'un projet en l'air ; mais il a pris de la consistance. Et vous savez, quand je me suis planté une idée dans la tête, c'est un clou : on ne l'en arrache pas facilement.

MADAME DE BIENNE

Vous aimez mieux taper dessus.

RIBAUDIER

Vous ne vous figurez pas qu'Antoinette va rester comme ça, avec un enfant sur les bras.

MADAME DE BIENNE

Vous voulez que quelqu'un l'aide à le porter ?

RIBAUDIER

Aucun sacrifice ne m'arrêtera.

MADAME DE BIENNE

Vous avertirez le fiancé, loyalement ?

RIBAUDIER

Je l'avertirai.

MADAME DE BIENNE

Il connaît Antoinette ?

RIBAUDIER

Il la connaît... un peu.

MADAME DE BIENNE

Il a pour elle... plus que de la sympathie ?

RIBAUDIER

Je ne sais pas encore. La dot le décidera.

MADAME DE BIENNE

Bon. Mais la dot capable de décider votre futur gendre, décidera-t-elle aussi votre fille ?

RIBAUDIER

Elle n'est pas bête ; elle finira par comprendre que cette situation ne peut pas s'éterniser.

MADAME DE BIENNE

Evidemment. Elle a dix-huit ans ; elle n'est pas condamnée au célibat à perpétuité. On a beau dire que l'enfant devient pour beaucoup de mères l'unique raison de vivre ; cette raison-là n'exclut pas nécessairement le besoin d'aimer et d'être aimée. C'est peut-être parce que l'homme a fait de la maternité une tendresse de remplacement que tant de femmes la redoutent.

RIBAUDIER

Vous voyez donc bien qu'il faut qu'Antoinette se marie.

MADAME DE BIENNE

Vous l'avez pressentie ?

RIBAUDIER

Sa mère a dû profiter de ce voyage dans la Nièvre pour la tâter, poser des jalons..., mais je compte sur vous pour parler à Antoinette et lui faire entendre raison. Vous êtes dans le secret. Vous avez la confiance de ma fille...

MADAME DE BIENNE

C'est assez délicat. Je crois que la première chose à faire est de consulter les intéressés.

RIBAUDIER

Ce sera fait... rond comme balle ! C'est seulement si j'éprouvais de la résistance de la part d'Antoinette que je vous prierais d'intervenir.

MADAME DE BIENNE

Vous ne pensez pas que madame Ribaudier ?...

RIBAUDIER

Ma femme fera ce que je voudrai. C'est moi qui commande, ici. Elle a toujours obéi.

MADAME DE BIENNE

Heureusement... ou malheureusement, votre fille tient de vous.

RIBAUDIER

Je la materai. J'en ai maté d'autres. Si mon autorité était méconnue, où la famille irait-elle ?

MADAME DE BIENNE

On ne s'en fait pas une idée.

RIBAUDIER

Antoinette n'aspire qu'à quitter la maison. Là-dessus, d'accord. Le reste n'est qu'une question matérielle à débattre. Voici ma femme. (*Il regarde sa montre.*) Tiens, le train n'a pas eu de retard. C'est étonnant.

*Madame Ribaudier entre avec Antoinette.*


SCÈNE III

LES MÊMES, MADAME RIBAUDIER, ANTOINETTE.


MADAME RIBAUDIER

Ah ! l'heureuse surprise !

MADAME DE BIENNE

Vous avez fait un bon voyage ?

MADAME RIBAUDIER

Excellent.

RIBAUDIER, *à Antoinette.*

Je croyais que tu devais rester là-bas quelques jours de plus que ta mère.

ANTOINETTE

J'ai changé d'avis.

MADAME DE BIENNE

Vous avez trouvé votre petit garçon en bonne santé ?

ANTOINETTE

En très bonne santé. Merci.

MADAME RIBAUDIER

Il est superbe ! On lui donnerait plus d'un an, et il a dix mois à peine.

MADAME DE BIENNE, *à Antoinette.*

Il ne vous a pas retenue ?

ANTOINETTE

Non. Il est encore trop jeune. Mais le temps viendra où les séparations seront plus pénibles. Il ne faut pas laisser l'enfant s'attacher trop à sa nourrice, on a plus de mal à le lui reprendre.

MADAME RIBAUDIER

Nous avons justement quelques conseils à vous demander au sujet du petit.

MADAME DE BIENNE

Tout à votre disposition.

RIBAUDIER

Je vous reverrai tout à l'heure. Une correspondance à faire partir...

MADAME RIBAUDIER, *emmenant madame de Bienne.*

Venez, chère madame... Ah ! nous avons souvent parlé de vous, Antoinette et moi...

*Toutes les trois sortent.*


SCENE IV

RIBAUDIER, DUPRE.


RIBAUDIER, *allant ouvrir la porte par laquelle est sorti Dupré.*

Vous pouvez revenir, mon petit. (*Dupré rapporte le courrier qu'il soumet à Ribaudier.*) C'est tout ?

DUPRÉ

Pas tout à fait.

RIBAUDIER

Vous finirez tout à l'heure. Ah ! ce n'est guère le chantier qui me préoccupe pour le moment ! Ma femme et ma fille viennent de rentrer.

DUPRÉ

Je les ai vues descendre de voiture.

RIBAUDIER

Si l'on n'avait que le souci des affaires, ça serait trop beau, hein ?

DUPRÉ

Oui.

RIBAUDIER

Prenez une chaise. Les affaires vous paient assez souvent de votre peine. Il n'en est pas de même en ce qui concerne la famille, par exemple. Vous passerez par là, mon petit Dupré, vous verrez ce que c'est.

DUPRÉ

Oh ! j'ai sans ça mes inquiétudes.

RIBAUDIER

Votre mère ?... Je ne vous demande jamais de ses nouvelles... Elle se porte bien ?

DUPRÉ

Si je venais à lui manquer...

RIBAUDIER

Evidemment. Les parents songent à l'avenir de leurs enfants. Vous renversez les rôles, c'est d'un bon fils. Les enfants peuvent faire autour d'eux beaucoup de bien... mais aussi beaucoup de mal ! (*Silence.*) On voit des familles qui paraissent comblées... et c'est comme un beau fruit dans lequel il y a un ver. (*Silence.*) Je vous dis tout ça, mon petit Dupré, parce que je suis en proie à de vives contrariétés. Je les cache à tout le monde, mais nous travaillons ensemble depuis bientôt huit ans... Vous avez acquis des titres à ma confiance... Un événement... un événement de la dernière gravité a bouleversé ma vie l'année passée et me rend bien malheureux.

DUPRÉ

Il vous est arrivé, en effet, de donner des signes de nervosité qui ne vous étaient pas habituels.

RIBAUDIER

Les signes d'accablement, vous ne vous en êtes pas aperçu. Plus d'une fois, allez, j'ai eu envie de tout balancer... Rien ne m'empêcherait de le faire. Je suis riche... J'ai été lâche. J'ai eu peur de m'ennuyer... Et puis, le travail est un puissant dérivatif. J'en ai besoin.

DUPRÉ

Il est regrettable d'avoir tout pour être heureux...

RIBAUDIER

Et de ne pas l'être, n'est-ce pas ? C'est vrai.

DUPRÉ

Il y a des remèdes à toutes les infortunes...

RIBAUDIER

Il n'y en a qu'un à la mienne... et je n'ose pas en parler.

DUPRÉ

Si pourtant, patron, ça devait vous soulager...

RIBAUDIER

Vous me connaissez. Je suis franc... avec même une brusquerie qu'on m'a assez reprochée. Je vais droit au but. Je vide mon sac jusqu'au fond. On croit à une tactique de ma part, on se trompe. C'est plus fort que moi.

DUPRÉ

Vous corrigez ce travers par une grande bonté.

RIBAUDIER

Une bonté qui a ce défaut — ou cette qualité — de ne pas admettre de résistance. Il faut quelquefois faire le bonheur des gens malgré eux. Tenez, je vais vous raconter une histoire, une histoire douloureuse. Imaginez ceci : dans une famille... une famille honorable, une jeune fille instruite et qui semble digne de tous les respects...

DUPRÉ

Voulez-vous me permettre de vous interrompre, monsieur Ribaudier ? Mais je devine combien est pénible à un homme de votre caractère la confidence qui va vous échapper... et je crois que mon devoir est de vous l'épargner. Ce que vous allez me dire... ne le dites pas : je le sais.

RIBAUDIER, *décontenancé.*

Depuis combien de temps le savez-vous ?

DUPRÉ

Peu importe.

RIBAUDIER *se lève, fait deux pas et se retourne.*

Une lettre anonyme ?...

DUPRÉ

Non.

RIBAUDIER

Dites la vérité.

DUPRÉ

C'est la vérité. Madame Ribaudier a été vue se rendant au refuge Clémence Royer, à Montrouge, et une femme de chambre, qui était alors à votre service et qui n'y est pas restée, a bavardé.

RIBAUDIER, *se rasseyant, accablé.*

C'est abominable. Nous sommes la fable de...

DUPRÉ

Non. Un bruit a couru... mais pas bien loin... et puis le silence s'est fait...

RIBAUDIER

Vous croyez ? En tout cas, ma honte est la même... Je suis aussi perplexe qu'au moment où j'ai appris... la chose. Que faire ? Voulez-vous me le dire ? Pour d'honnêtes gens comme nous, c'est la catastrophe.

DUPRÉ

Oh !

RIBAUDIER

Quand on en connaît les circonstances, je dois dire que ma fille apparaît comme une victime plutôt que comme une coupable. Mais, ces circonstances, je ne les révélerai qu'au brave garçon... s'il s'en trouve un, qui aimera assez Antoinette pour

l'épouser avec tache... et aussi, hélas ! avec le témoignage vivant de sa faute. Je ne veux pas qu'elle soit condamnée à l'expier à perpétuité... comprenez-vous ?

DUPRÉ

Assurément. A tout péché, miséricorde...

RIBAUDIER

A tout péché, oui... A tout pécheur, c'est une autre affaire. Si celui qui a fait le mal était en mesure de le réparer, ça ne traînerait pas !

DUPRÉ

La réparation, aux yeux du monde, n'est pas toujours une condition du bonheur.

RIBAUDIER

Certainement. Je vois que vous me comprenez. La dot... la grosse dot que je donnerai à ma fille lui facilitera l'existence, parbleu ! mais l'argent non plus ne fait pas le bonheur. Quoi qu'il arrive, une famille y regardera à deux fois avant de s'allier à la nôtre. C'est dur pour mon orgueil. Je me fais l'effet d'un parvenu rétrogradé.

DUPRÉ

Il ne faut pas exagérer...

RIBAUDIER

Je sais ce que je dis... Si vous-même, je vous mettais au pied du mur... (*Sur un geste évasif de Dupré.*) Voyons... vous avez votre mère... Elle est ambitieuse pour vous, je présume...

DUPRÉ

Oh ! je crois qu'elle ambitionne surtout de me garder le plus longtemps possible auprès d'elle.

RIBAUDIER

La question n'est pas là... Donnerait-elle son consentement à un mariage comme celui dont je parle ?

DUPRÉ

Vous m'embarrassez... Il est certain qu'une grand'mère est plus disposée à aimer l'enfant de son fils que l'enfant d'un autre.

RIBAUDIER

Vous voyez bien. L'obstacle est presque insurmontable.

DUPRÉ

N'est-ce pas ? Mettez-vous à la place de maman.

RIBAUDIER

Ça ne fait pas de doute. Mon premier mouvement, et je m'en accuse, a été de vouloir marier ma fille tambour battant... enfin, coûte que coûte... c'est plutôt le mot... et avec n'importe qui. Grave erreur ! Mon plus vif désir, à présent, est de rencontrer le brave garçon dont je parlais tout à l'heure, qui aimera ma fille, se fera aimer d'elle et trouvera dans une tendresse mutuelle la force de vaincre les préjugés. Mais un pareil attachement ne s'improvise pas. Il faut le temps. Il n'y a que dans les comédies qu'une scène d'amour arrange tout en cinq sec.

LA FEMME DE CHAMBRE

Mademoiselle demande si elle peut descendre parler à Monsieur.

RIBAUDIER

Oui. Madame de Bienne est-elle partie ?

LA FEMME DE CHAMBRE

Elle est encore là.

RIBAUDIER

Bien. (*Elle sort. A Dupré.*) Nous avons causé amicalement... Que tout ceci reste entre nous, n'est-ce pas ? Je ne regrette pas notre conversation. J'en ai pour vous plus d'estime encore... Un dernier mot... Regardez-moi bien, mon petit Dupré... regardez-moi bien en face... Je suis sûr que vous me prêtez une arrière-pensée...

DUPRÉ

Oh ! je vous jure !...

RIBAUDIER

Ne niez pas ! Eh bien, oui, j'en ai une... C'est un gendre comme vous que j'aurais souhaité... quand c'était possible.

*Ils se serrent la main.*

DUPRÉ

A mon tour, monsieur Ribaudier... je vais être franc. Si vous ne passiez pas par cette rude épreuve... me tiendriez-vous le même langage ?

RIBAUDIER, *détournant la tête sans répondre.*

Allez m'attendre en expédiant le reste du courrier.

*Dupré sort.*


SCENE V

RIBAUDIER, ANTOINETTE.


RIBAUDIER, *seul une minute.*

Il est intelligent, ce garçon. (*A Antoinette qui est entrée.*) Pourquoi as-tu quitté madame de Bienne et ta mère ? Ce que tu as à me dire est donc bien pressé ?

ANTOINETTE

Très pressé.

RIBAUDIER

Avant tout, j'aimerais à savoir pourquoi tu ne m'as pas embrassé en rentrant, après huit jours d'absence.

ANTOINETTE

J'avais peur d'être mal reçue... Tu m'as laissée partir sans me tendre la joue.

RIBAUDIER

Eh bien, la voici... (*Elle l'embrasse.*) Nous n'allons pas continuer, je présume, à nous regarder en chiens de faïence et à échanger des paroles aigres-douces ?

ANTOINETTE

Je ne demande pas mieux.

RIBAUDIER

Alors, nous pouvons causer. Je me suis promis de ne pas m'emporter.

ANTOINETTE

Et moi de ne rien dire que tu puisses prendre en mauvaise part.

RIBAUDIER

Bon. Veux-tu savoir ce qui m'irrite dans ton attitude à mon égard ? On croirait que c'est moi qui ai quelque chose à me faire pardonner.

ANTOINETTE

Il y a des malentendus pareils dans toutes les familles.

RIBAUDIER

Ils finissent toujours par se dissiper.

ANTOINETTE

Non. Pas toujours, malheureusement. L'incompatibilité entre mari et femme, qui est un motif de divorce, existe aussi entre parents et enfants... et rien n'y remédie, si ce n'est la séparation, qui est le divorce atténué.

RIBAUDIER

Le mariage permet à la jeune fille de la pratiquer, cette séparation, sans amertume ni froissements.

ANTOINETTE

Il n'y a pas que le mariage.

RIBAUDIER

C'est en tout cas la seule porte de sortie ouverte aux enfants bien élevés. Le toit sous lequel on ne vivait pas d'accord, on y revient souvent avec plaisir quand on en a connu un autre. Tu en feras l'expérience.

ANTOINETTE

Ça dépend.

RIBAUDIER

Explique-toi une bonne fois, je te prie. Tu sais combien tes réticences me sont insupportables.

ANTOINETTE

Tu rends la discussion si difficile...

RIBAUDIER

Moi ?

ANTOINETTE

Toi. Dès que nous ne sommes pas de ton avis, maman ou moi, tu nous fermes la bouche... Maman s'est soumise...

RIBAUDIER

Et je n'ai jamais pu venir à bout de toi. C'est la vérité.

ANTOINETTE

Je suis ce que tu m'as faite : orgueilleuse et rétive.

RIBAUDIER

Et c'est une raison...

ANTOINETTE

C'est une raison pour que nous nous affrontions sans cesse et pour qu'il en résulte des chocs inévitables.

RIBAUDIER

Et inadmissibles, car si quelqu'un doit baisser pavillon ici, c'est toi... surtout depuis...

ANTOINETTE

N'achève pas, papa... Je vois venir l'orage. Fuyons-le... et regrettons de ne pas mieux nous connaître !...

RIBAUDIER

Tu n'as pas le droit de dire ça ! J'ai été fier de toi, tant que tu m'as fait honneur...

ANTOINETTE

Par mes succès scolaires... Mais tu n'as jamais vécu beaucoup avec nous, conviens-en. Les affaires t'absorbaient...

RIBAUDIER

Ne vous en plaignez pas. C'est mon travail qui a fait votre bien-être... Tu as un caractère volontaire et renfermé. Si c'est de ma faute, j'en suis diablement puni... mais ce n'est pas uniquement de ma faute, et tu le sais bien. Ta mère, qui t'a gâtée, n'est pas mieux que moi récompensée.

ANTOINETTE

Maman ne voit que par tes yeux. Entre sa faiblesse et ton autorité, j'ai dû m'habituer à ne prendre conseil que de moi-même.

RIBAUDIER

Eh bien, tu as reçu de fichus conseils !

ANTOINETTE

J'en ai reçu de bons et de mauvais.

RIBAUDIER

Je voudrais bien connaître les bons.

ANTOINETTE

Je vais te les dire... et sans parler d'une précocité qui t'émerveillait quand elle t'attirait des compliments.

RIBAUDIER

Si j'avais pu deviner que l'instruction te conduirait à te mal conduire...

ANTOINETTE

L'instruction n'a rien à voir là-dedans. Ce n'est pas elle qui m'a mûrie. J'ai commencé, moi aussi, l'apprentissage d'un métier : la vie nouvelle qui s'ouvrait devant moi. Tu dis que je suis volontaire... Oui. C'est moi qui ai forcé maman à me faire admettre dans ce Refuge où toutes les conditions sont réunies sous le même signe. Pour une école, c'en est une !

RIBAUDIER

Ta place n'était pas là. Nos moyens, Dieu merci, nous permettent...

ANTOINETTE

Tout... excepté cette leçon de choses.

RIBAUDIER

De vilaines choses. Pourquoi pas Saint-Lazare ?

ANTOINETTE

Ça n'est pas Saint-Lazare.

RIBAUDIER

Ni Sainte-Marie.

ANTOINETTE

La maternité confère une sainteté qui se passe d'un nom.

RIBAUDIER

Pas pour un mari. Et tu te marieras.

ANTOINETTE

J'ai le temps d'y songer.

RIBAUDIER

Non. Pour nous, pour toi, il est urgent...

ANTOINETTE

Ecoute, papa. Madame de Bienne et maman m'ont mise au courant de tes projets. Je viens te prier de ne pas leur donner suite...

RIBAUDIER

Si quelqu'un, pourtant... quelqu'un à qui nous dirions la vérité, bien entendu... Ça ne serait pas la première fois qu'un homme ferait oublier le mal qu'un autre homme a fait.

**ANTOINETTE**

Je n'aime personne et personne ne m'aime.

**RIBAUDIER**

Tu n'as pas à te montrer difficile.

**ANTOINETTE**

Au contraire. Je dois être difficile pour deux.

**RIBAUDIER**

Mais comprends donc, malheureuse, que ton fils n'a pas de père !

**ANTOINETTE**

Quel mal à ça... s'il avait un grand-père ?

**RIBAUDIER**

L'un n'empêche pas l'autre.

**ANTOINETTE**

Commence.

**RIBAUDIER**

Je n'ai pas d'ordre à recevoir de toi.

**ANTOINETTE**

Une simple question, alors : quelle dot donnes-tu à ta fille... à ta fille-mère ?

**RIBAUDIER**

Tu veux le savoir ?

**ANTOINETTE**

Oui, j'ai besoin de le savoir.

**RIBAUDIER**

Cinq cent mille francs... sans compter les espérances.

**ANTOINETTE**

Laissons les espérances aux calculateurs. Tu offres cette somme ronde à celui qui te débarrassera de moi ?

**RIBAUDIER**

Tu interprètes mal...

**ANTOINETTE**

Non, je comprends parfaitement. J'ai fait une tache sur ton nom : tu m'invites à en changer et tu indemnises l'endosseur.

**RIBAUDIER**

Je te défends de dire !... Si tu étais un garçon, tu aurais déjà ma main sur la figure !

**ANTOINETTE**

Je ne pensais pas t'offenser...

**RIBAUDIER**

Ne fais pas la bête. Tu as reçu assez d'instruction pour savoir la valeur des mots.

**ANTOINETTE**

Si réellement tu n'as jeté ton dévolu sur per-sonne, il y a peut-être entre nous un terrain d'entente.

**RIBAUDIER**

Curieux de savoir lequel !

**ANTOINETTE**

Cette dot que tu es prêt à verser à un étranger qui me rendrait probablement malheureuse parce qu'il me mépriserait... donne-la-nous, cette dot, à ton petit-fils et à moi... Nous nous éloignerons.

**RIBAUDIER**

Pour qu'on dise partout que je vous traite en interdits de séjour !

**ANTOINETTE**

Voyons, réfléchis... Ma proposition est moins immorale, au fond, que la tienne.

**RIBAUDIER**

Pour la dernière fois, surveille tes expressions.

**ANTOINETTE**

Je vivrais, somme toute, comme une veuve qui élève son enfant le mieux possible. C'est une façon de réhabiliter la dot.

**RIBAUDIER**

Une drôle de façon !

**ANTOINETTE**

Ah ! dame, elle réclame des concours empressés.

**RIBAUDIER**

Lesquels ?

**ANTOINETTE**

Le tien, d'abord. C'est chose facile maintenant.

**RIBAUDIER**

Tu trouves ?

**ANTOINETTE**

Oui. J'ai ramené ton petit-fils.

**RIBAUDIER**

Ici ? Malgré moi ?...

**ANTOINETTE**

Non, pas ici... mais à Paris. Il se rapproche de toi... Il est à côté, avec maman et madame de Bienne.

**RIBAUDIER**

Eh bien ! si tu as compté sur ton audace pour m'avoir... regarde-moi... Je ne suis pas de ceux à qui l'on force la main avant de leur forcer le cœur.

**ANTOINETTE**

Je le sais. Je n'avais pas l'intention de reprendre tout de suite l'enfant, quel que soit mon regret d'en être séparée, mais maman m'a ouvert les yeux... L'enfant est désormais, entre un mari éventuel et moi, l'obstacle qui ne fait pas l'ombre d'un doute. Les prétendants sont avertis.

**RIBAUDIER**

Fais bien attention. Tu n'espères pas, par ton attitude...

**ANTOINETTE**

T'imposer cet enfant ? Non. Il ne restera pas ici contre ta volonté. Tu ne le verras même pas, ni aujourd'hui, ni demain, s'il te fait honte. Nous allons demeurer ailleurs.

**RIBAUDIER**

Et tu travailleras pour l'élever ?

**ANTOINETTE**

Et je travaillerai.

**RIBAUDIER**

Tu donneras des leçons ?

**ANTOINETTE**

Si je peux. Ça ne serait pas la peine d'avoir reçu de l'instruction...

**RIBAUDIER**

L'instruction ! Tu n'as à la bouche que ce mot-là !

**ANTOINETTE**

Il est où tu l'as mis.

**RIBAUDIER**

Je ne t'ai pas fait donner de l'instruction pour que tu instruises les autres.

**ANTOINETTE**

Alors, je chercherai un emploi.

**RIBAUDIER**

Pour m'embêter.

**ANTOINETTE**

Non. Mais tout vaut mieux qu'une assistance familiale humiliante... tout... même le secours du Bureau de bienfaisance.

**RIBAUDIER**

Eh bien ! si tout vaut mieux que le respect filial, va ! Tu es libre, fille incorrigible !

**ANTOINETTE**

Incorrigible, non, mais bien résolue à n'être corrigée que par moi-même... à mes risques et périls.

**RIBAUDIER**

Tiens, je préfère te céder la place... Je te battrais !

*Il sort en faisant claquer la porte.*

## SCENE VI

### ANTOINETTE, *puis* DUPRE.

*Elle a une brève hésitation et, au lieu de sortir par où elle est entrée, va ouvrir la porte de la pièce où Dupré s'est retiré.*

**ANTOINETTE**

Vous êtes là, monsieur Dupré ? Voulez-vous venir, je vous prie ? (*Il entre et la salue.*) Je ne vous retiendrai pas longtemps. Jouons franc jeu.

**DUPRÉ,** *souriant.*

C'est que... je ne suis pas joueur.

**ANTOINETTE,** *brusque.*

Eh bien, vous jouerez tout de même.

**DUPRÉ**

Si ça peut vous faire plaisir...

**ANTOINETTE**

Ça peut éclaircir une situation dont le caractère équivoque ne nous convient ni à l'un ni à l'autre.

**DUPRÉ**

Je ne comprends pas.

**ANTOINETTE**

Vous allez comprendre. Vous avez eu une conversation, peut-être plusieurs, avec mon père, à mon sujet.

**DUPRÉ**

Je vois monsieur Ribaudier tous les jours...

**ANTOINETTE**

Alors, vous avez dû vous apercevoir d'un changement d'attitude à votre égard.

**DUPRÉ**

Mon Dieu, non.

**ANTOINETTE**

Ne vous dérobez pas. Je sais... Je sais pertinemment que mon père vous associe à des vues qu'il a sur moi.

**DUPRÉ**

Je crois que vous faites erreur. Rien ne vous autorise à penser...

**ANTOINETTE**

Je suis une fille à marier... Peut-être après tout mon père, sans appeler positivement votre attention sur moi, s'est-il contenté de vous laisser entendre...

**DUPRÉ**

Ceci, pour le moment, ne regarde que moi.

**ANTOINETTE**

Bon. Voilà déjà un demi-aveu. Je le retiens. Continuez à mériter l'estime que j'ai pour vous.

**DUPRÉ**

Je m'y efforce.

**ANTOINETTE**

Ça m'encourage, moi, à vous parler franchement, comme à un étranger pour lequel je ne me sens aucune inclination et qui n'en a pas davantage pour moi.

**DUPRÉ**

C'est l'exacte vérité.

**ANTOINETTE**

Mais ça n'est pas une raison pour que cet étranger, qui ne me connaît pas, ferme l'oreille à des intentions mal dissimulées.

**DUPRÉ**

Pardon, c'est une raison.

**ANTOINETTE**

Il y en a une autre, en tout cas, et j'ai le devoir de vous la révéler... d'autant plus qu'elle ne sera, demain, un secret pour personne. Ce n'est pas une jeune fille qui se confie à vous, monsieur Dupré. J'ai un enfant.

**DUPRÉ**

Vous ne m'apprenez rien.

**ANTOINETTE**

C'est mon père qui vous a dit...

**DUPRÉ**

Ça n'est pas votre père. Et je me permets d'ajouter que je n'ai rien fait d'autre part pour être au courant...

**ANTOINETTE**

Soit. Mais je prétends rentrer ici la tête haute... parfaitement !... sans être exposée au mépris d'un homme qui pourrait me prêter des calculs odieux... Je ne me décore pas de mon irrégularité, mais je n'aurais à en rougir que si elle servait de base à un marché.

**DUPRÉ**

L'expression m'offense, vous n'avez pas l'air de vous en douter.

**ANTOINETTE**

Excusez-moi... Mais, puisque nous sommes appelés à nous rencontrer, ici ou ailleurs, aucune arrière-pensée ne doit subsister entre nous. C'est bien votre avis ?

**DUPRÉ**

Absolument.

**ANTOINETTE**

Oui. Vous êtes un honnête homme. On peut causer. Il est possible que cette maison me soit fermée. Je ne prendrai aucun détour pour me la faire rouvrir. J'ai commis une faute ; je répugne à la racheter par le moyen que mon père pourrait avoir imaginé. L'enfant ne m'accable pas, il me protège, au contraire, du moment que je ne compte sur personne pour l'élever.

**DUPRÉ**

Ce sentiment est tout à votre honneur.

**ANTOINETTE**

Enfin, vous croyez que l'honneur est un mot qu'on peut encore employer en parlant de moi.

**DUPRÉ**

Certainement.

**ANTOINETTE**

Merci. Voyez ce que nous gagnons tous les deux à abattre notre jeu. Et, maintenant, dites toute la vérité. Mon père vous a fait entendre à demi-mots, n'est-ce pas ? qu'un gendre comme vous ne lui déplairait pas ?

**DUPRÉ**

Oui. Il me l'a fait entendre.

**ANTOINETTE**

Et qu'est-ce que vous avez pensé ?

**DUPRÉ**

Qu'il ne me connaissait pas.

**ANTOINETTE**

En vous croyant capable de ramasser une dot dans un berceau d'emprunt ?

**DUPRÉ**

Oui.

**ANTOINETTE**

Je suis soulagée. Vous avez fait la guerre ?

**DUPRÉ**

Je l'ai faite, comme engagé volontaire.

**ANTOINETTE**

C'est elle qui vous a enseigné l'aide aux blessés ?

**DUPRÉ**

Est-ce qu'on sait pourquoi on se bat ?

**ANTOINETTE**

Peut-être pour apprendre à tout pardonner après ça... Car, enfin, lequel a le plus mérité d'être montré au doigt : la femme qui multiplie, — ou l'homme qui détruit son ouvrage ?

DUPRÉ

Si vous posez la question ainsi, elle est résolue.

ANTOINETTE

Allons, cette explication loyale était nécessaire. Nous l'avons eue. Donnez-moi la main... et, si l'on m'attaque, défendez-moi, comme un passant désintéressé défend une mère qu'on outrage.

DUPRÉ

Je vous promets.

*Il sort.*


## SCENE VII

### ANTOINETTE, MADAME DE BIENNE, MADAME RIBAUDIER.


MADAME DE BIENNE

Vous êtes seule ? Votre père ?... J'aurais voulu prendre congé de lui.

ANTOINETTE

Il est sorti.

MADAME DE BIENNE

Vous ne vous êtes pas encore chamaillés, j'espère.

MADAME RIBAUDIER

Il serait si facile avec un peu de bonne volonté de chaque côté...

MADAME DE BIENNE

Hélas ! on arriverait plutôt à s'aimer qu'à se comprendre les uns les autres.

MADAME RIBAUDIER

Je t'assure que tu obtiendrais beaucoup de choses de ton père si tu savais t'y prendre.

ANTOINETTE

Oui, mais voilà : je suis ainsi qu'il m'a faite.

MADAME RIBAUDIER, *pressante.*

Ton père. Sois gentille.


## SCENE VIII

### LES MÊMES, RIBAUDIER.


MADAME RIBAUDIER

D'où viens-tu donc ? Nous te cherchions.

RIBAUDIER

J'ai eu besoin de prendre l'air.

MADAME RIBAUDIER

Nu-tête ?

RIBAUDIER

C'est ma tête qui réclamait un calmant. (*A madame de Bienne.*) Nous assistons, madame, à un bouleversement extraordinaire. Nous sommes en pleine révolution !

MADAME DE BIENNE

A quoi voyez-vous ça ?

RIBAUDIER

A ceci, qu'une fille, qui devrait obéir, commande.

MADAME DE BIENNE

Oh ! il ne faut plus demander d'obéissance passive.

RIBAUDIER

Oui, j'oubliais : vous prêchez un nouvel évangile : l'indépendance de la femme !

MADAME DE BIENNE

Je ne prêche rien du tout. Je crois simplement que la vie et les mœurs ont avancé l'âge où la femme s'émancipait. Ce fut longtemps le rôle qu'on attribuait au mariage ; mais la femme avait souvent à y perdre plus qu'à y gagner. Alors, elle organise son indépendance.

RIBAUDIER

Avec des enfants à sa charge ?...

MADAME DE BIENNE

Préférez-vous que la mère imite l'homme qui se dérobe au devoir de les élever ? Car c'est ainsi : l'homme et la femme commettent la faute ensemble et, seule, la femme l'expie. Est-ce juste ?

RIBAUDIER

Puisque vous me demandez ce que j'aime le mieux, eh ! bien, c'est que l'enfant ne précède pas le mariage.

ANTOINETTE

Cet enfant-là ne reçoit pas d'ordres : il en donne.

RIBAUDIER

Stupéfiant ! Voilà les résultats de l'éducation moderne ! Et nous payons pour ça ! Il ne reste plus qu'à rayer le mariage de nos institutions !

ANTOINETTE

Ai-je dit que je me condamnais à ne jamais m'appuyer sur quelqu'un qui m'aimera et que j'aimerai ?

### RIBAUDIER

C'est encore heureux. En attendant, nous sommes la risée de tout le monde !

### MADAME DE BIENNE

Laissez donc... Il n'y a pas de risée qui tienne contre une risette !

### ANTOINETTE

Votre Refuge a été ma planche de salut, madame. Mais, dans ce que vous appelez votre jardin fruitier, vous savez combien les fruits du véritable amour sont rares.

### MADAME DE BIENNE

Oui. C'est maintenant le dilemme : des fruits sans amour... ou de l'amour sans fruits. On ne fait plus les deux à la fois. C'est dommage. Les fruits de l'amour sont les meilleurs.

### ANTOINETTE

Alors, quelle femme peut dire qu'elle les repoussera s'ils s'offrent à elle ?

### RIBAUDIER

Légitimes ou naturels ?

### ANTOINETTE

Quoi de plus naturel que l'enfant ?

RIBAUDIER, *levant les bras dans un grand geste.*

Eh bien, il est joli l'avenir que tu lui prépares !

### ANTOINETTE

Il est entre des mains invisibles.

### RIBAUDIER

Enfin, tu as un but dans la vie ? Peut-on savoir lequel ?

### ANTOINETTE

Oui. Transporter sous un toit ce qui est bâti sur le sable.

### RIBAUDIER

Tu avais un toit chez nous.

### ANTOINETTE

Un toit et pas d'abri...

### MADAME RIBAUDIER

Oh ! ma Toinon ! peux-tu dire !

### RIBAUDIER

Pas d'abri ! Oser dire !... Après ce que nous avons fait pour elle !... Ah ! quand une fille est sans cœur...

### ANTOINETTE

On a toujours un cœur... mais de quoi le remplir ?

### RIBAUDIER

Si tu aimais tes parents...

### ANTOINETTE

Je les aime, mais le cœur n'est pas un caveau de famille : il y a place pour des étrangers.

### RIBAUDIER

Pas d'abri !...

### ANTOINETTE

Non, puisque tu me punis d'être tombée du nid en ne me relevant pas tout entière !

### RIBAUDIER

Tu n'es pas de bonne foi. Ce relèvement complet, tu sais bien que je suis tout prêt à te le faciliter.

### ANTOINETTE

Au prix d'un mariage déshonorant pour tout le monde.

### RIBAUDIER

Déshonorant ! Voilà que c'est moi qui la déshonore, à présent !

### ANTOINETTE

Je n'attends du mariage ni ma régénération, ni des moyens d'existence. Le premier des sacrements, c'est la maternité ; elle a fait de moi mieux qu'une honnête fille : un honnête homme capable de gagner sa vie, incapable de la vendre. Ai-je tort, madame ?

### MADAME DE BIENNE

Je suis une étrangère...

### MADAME RIBAUDIER

Vous êtes notre meilleure amie. Dites quelque chose. Antoinette et son père ne sont pas irréconciliables... Ils ont du cœur... et le cœur, c'est tout.

### MADAME DE BIENNE

Il n'a pas les aspérités de certains caractères... ou bien ça n'est pas le cœur.

### MADAME RIBAUDIER

Voilà. Vous trouvez les mots que je ne sais pas dire.

### MADAME DE BIENNE

Vous les trouveriez si vous aviez l'habitude de les employer. Vous vous êtes trop effacée, ma bonne amie.

### MADAME RIBAUDIER

Oui, je sens que je n'ai pas rempli mon rôle... Voyons, ma petite Toinon, aie un bon mouvement... Il doit venir de toi... Ton père ne peut avoir que de bonnes intentions. Si je lui ai toujours été soumise, c'est parce que je rendais hommage à sa droiture et à son sentiment du devoir. J'avais en lui une confiance aveugle... et qu'il mérite.

MADAME DE BIENNE

Et puis... vous l'aimiez.

MADAME RIBAUDIER

Oui. Je suis d'un temps où l'on aimait comme ça.

ANTOINETTE

Je tiendrai peut-être ça de toi, le jour où j'aimerai.

MADAME RIBAUDIER

Crois-tu que ton père et moi nous ne te plaignons pas ?

ANTOINETTE

Il ne faut pas me plaindre. Est-ce que je me plains, moi ? A se poser en victime, on l'est deux fois. Ce n'est pas en faisant pitié qu'on reprend courage.

RIBAUDIER

Tu n'as pas pourtant la prétention de faire envie.

ANTOINETTE

Quand je me compare...

RIBAUDIER

Et à qui te compares-tu ?

ANTOINETTE

A presque toutes celles qui ont été mes compagnes au Refuge... Il y en avait une... vingt-deux ans... et qu'on appelait Pinson. Sa joie de vivre !... Elle réveillait le dortoir en chantant, comme si déjà elle berçait un nouveau- né... Elle n'était pas gaie par bravade. C'était dans sa nature. Elle avait une drôle de façon de se regarder la taille en disant : « Toi, moucheron, tu vas me promettre de ne pas pleurnicher dans la vie... Ça n'avance à rien... » Ce qui s'est passé ensuite...

MADAME DE BIENNE

Un soir, elle fut prise des douleurs et on la transporta à Baudelocque. Elle avait beaucoup changé dans les derniers jours. Elle n'avait pas été jalouse de vingt poulettes séduites par le coq du quartier, et elle s'inquiétait tout à coup de la vingt et unième... qu'elle ne connaissait pas. Elle nous dit en partant : « A bientôt... A ma première sortie, je viendrai vous montrer l'objet. » Elle eut des suites de couches mauvaises. Tout n'est pas rose dans l'enfant. Un mois après, elle mourut... Et l'Assistance publique recueillit deux orphelins, l'homme ayant disparu avec sa nouvelle conquête... la vingt et unième !

ANTOINETTE

J'ai encore le rire de cette jeune femme dans les oreilles... Les enfants ne sont pas les seuls à rire aux anges !

MADAME RIBAUDIER, *en larmes*.

Que des choses pareilles soient possibles !...

MADAME DE BIENNE

Vous ne savez pas tout. La malheureuse ne nous avait pas dit la vérité. Elle n'était pas mariée.

ANTOINETTE

Eût-elle moins souffert si elle l'avait été ?

RIBAUDIER

Ses enfants du moins auraient été reconnus.

ANTOINETTE

Vous souvenez-vous, madame, de cette autre que vous aviez surnommée *l'Intraitable* et qu'on appelait Jeanne tout court ?

MADAME DE BIENNE

Ne parlons pas d'elle.

ANTOINETTE

Pourquoi ? Intraitable, elle l'était encore plus que moi, et vous l'aviez prise en affection, comme un sujet difficile à ramener au sentiment de la maternité. Il faut convenir qu'elle ne l'avait guère en arrivant.

MADAME DE BIENNE

Laissons cela.

ANTOINETTE

Elle portait son enfant comme un paquet dont elle avait juré de se débarrasser au terme du voyage. On eût dit qu'elle avait hâte d'être délivrée pour prendre une revanche. Il y avait tout dans ses yeux, excepté le pardon et l'amour. Elle était ma voisine de lit et l'on trouvait entre nous une ressemblance.

RIBAUDIER

Ne dis pas ça !

ANTOINETTE

Je ne m'avilis pas en le disant. Qui se ressemble s'assemble. Elle ne racontait pas son histoire. C'est peut-être la mienne et celle de tant d'autres ! Un homme était entré dans sa vie pour en sortir aussitôt après l'avoir ravagée. Elle exécrait cet embusqué, à la place de qui une femme et un enfant allaient faire la guerre.

MADAME DE BIENNE

Cette mère a fini par comprendre qu'elle ne devait pas dire : « L'avenir est à moi », mais « l'avenir est en moi », et elle a été sauvée du désespoir. Mais j'ai eu des auxiliaires. Du geste et de la voix, ses compagnes lui disaient du matin au soir : « Attends un peu qu'il vienne au monde, et tu l'emporteras dans tes bras ! » Elle secouait la tête ; elle menaçait de tout briser... Mais déjà une main la tirait par la manche.

ANTOINETTE

Et le miracle s'est accompli, grâce à vous.

MADAME DE BIENNE

Non, grâce aux autres. La couveuse sans leur chaleur n'existerait pas : elles en élèvent la température.

ANTOINETTE

Je pense souvent à cette Jeanne. Qu'est-elle devenue ? Vous avez de ses nouvelles, des nouvelles de son enfant ?

MADAME DE BIENNE

Elle a perdu son enfant.

ANTOINETTE

Pauvre femme ! Et dire que le père de cet enfant vit peut-être quelque part, tranquille et considéré, rend la justice, fait les lois et bénit les familles nombreuses !

MADAME DE BIENNE

Celles qui lui feront, le cas échéant, un rempart de leurs corps. Car nous ne vivons plus au temps de la Pucelle. S'il arrivait que la France eût encore besoin d'être sauvée, dites-vous bien qu'elle le serait par la fille-mère aussi. J'ai de bonnes raisons pour le croire.

ANTOINETTE

Oui, j'ai partout, désormais, des sœurs du Calvaire.

MADAME DE BIENNE

Beaucoup comme vous, heureusement, s'arrêtent à mi-chemin et redescendent dans la vallée.

ANTOINETTE

Il y en a encore trop... cette Jeanne, par exemple, qui redescendent en traînant les morceaux de leur croix.

RIBAUDIER

Finissons. (*S'essuyant furtivement les yeux.*) Tu as assez fait pleurer ta mère. Je ne vois que des inconvénients à ton installation ici, avec ton enfant dont il est juste que tu ne sois pas séparée. Il est bon d'épargner à nos caractères les occasions continuelles qu'ils auraient de se heurter. C'est ton avis ? (*Antoinette fait un signe de tête affirmatif.*) Je vais donc te chercher un appartement où vous vivrez, toi, la nourrice et ton petit garçon. Vous ne manquerez de rien. Je subviendrai sans limites ni contrôle à tous vos besoins.

MADAME RIBAUDIER

Merci, mon ami. Puis-je me permettre encore une question ? La maison, la nôtre, n'est pas pour ça fermée à Antoinette ?

RIBAUDIER

Non. Tu la verras ici ou chez elle tant que tu voudras.

MADAME RIBAUDIER, *à Antoinette.*

Remercie ton père, Toinon... Madame de Bienne aussi... Cette réconciliation est un peu son ouvrage. (*Antoinette embrasse son père et va serrer les mains de madame de Bienne. Madame Ribaudier à son mari.*) Tu... tu ne veux pas voir le petit ?

ANTOINETTE, *répondant à la place de son père.*

Non, maman... je t'en prie... pas aujourd'hui. Le voyage l'a un peu fatigué... (*Souriant.*) Il n'est pas à son avantage.

MADAME RIBAUDIER

Un petit-fils est toujours gentil.

ANTOINETTE

Il l'est bien plus quand il va tout seul vers son grand-père et quand son grand-père lui épargne les trois quarts du chemin.

MADAME DE BIENNE

Elle a raison. Il ne faut pas brusquer la vie. C'est méchant, la vie. Ça se rebiffe. Allons, mon œuvre s'étend. Je vais bientôt être obligée d'ouvrir des succursales... Au revoir, je suis très contente...

> Madame Ribaudier et Antoinette la reconduisent.


SCENE IX

RIBAUDIER, SA FEMME, ANTOINETTE, DUPRE.


DUPRÉ, *sortant du bureau.*

Oh ! je vous demande pardon... Je vous croyais seul...

RIBAUDIER

Entrez, mon petit Dupré, entrez.

MADAME RIBAUDIER

Bonjour, monsieur Dupré... Ça va toujours comme vous voulez ?

DUPRÉ

Mais oui, madame.

MADAME RIBAUDIER

Votre maman aussi ?

DUPRÉ

Maman aussi !

RIBAUDIER

C'est un bon fils... qui a l'esprit de famille.

DUPRÉ, *à Ribaudier.*

J'aurais deux choses à vous demander, monsieur Ribaudier : dois-je venir demain matin ?

RIBAUDIER

Bien entendu. Nous avons du travail en retard.

DUPRÉ

L'autre chose... si vous permettez...

RIBAUDIER

Dites.

DUPRÉ

Ma mère est prompte à s'alarmer. Faut-il l'avertir de l'intention que vous avez de m'envoyer pendant quelque temps en province... enfin la préparer à mon départ ?

RIBAUDIER

Non, attendez. Rien ne presse. Ce n'est encore qu'un projet à l'étude. Il est inutile de tourmenter d'avance votre maman. Tenez, puisque vous êtes là, nous allons revoir ce mémoire ensemble. Voulez-vous ?

*Ils se penchent sur un dossier.*

MADAME RIBAUDIER, *continuant à part une conversation avec sa fille.*

Mais non... Je t'assure que tu te trompes. Ton père n'est pas buté. Je le connais mieux que toi.

Il a pu avoir comme ça, sur quelqu'un, une idée en l'air... Mais il n'y pense déjà plus.

ANTOINETTE

Tu crois ça.

RIBAUDIER, *à Dupré.*

Vous m'avez compris ?

DUPRÉ

Parfaitement.

RIBAUDIER

Mettez-vous là. Vous en avez pour deux bonnes heures. Ça ne fait rien. (*A sa femme.*) Dis qu'on mette un couvert de plus. Dupré dînera avec nous.

ANTOINETTE, *à sa mère.*

Qu'est-ce que je te disais ?

*Elles sortent. La femme de chambre, traversant le théâtre, au fond, Ribaudier l'arrête du côté opposé à celui où sa femme et sa fille sont sorties.*

RIBAUDIER

Où est-il... cet enfant ?

LA FEMME DE CHAMBRE

Il dort là... bien gentiment, auprès de sa nourrice.

RIBAUDIER

Montrez-moi ça... Et je vous avertis : si l'une ou l'autre vous racontez que je l'ai vu... je vous flanque à la porte toutes les deux !

RIDEAU

E. GREVIN — IMPRIMERIE DE LAGNY — 1929.